编译文库

文化

李西亚 著

文化认同视阈下辽金时期图书出版楔入北方文化融合进程研究

On the Wedging of Book Publishing into the Northern Cultural Integration Process in the Liao and Jin Dynasties from the Perspective of Cultural Identity

图书在版编目（CIP）数据

文化认同视阈下辽金时期图书出版楔入北方文化融合进程研究 / 李西亚著. -- 北京：中央编译出版社，2025. 5. -- ISBN 978-7-5117-4960-4

Ⅰ. G239.294.6

中国国家版本馆CIP数据核字第202524R85B号

文化认同视阈下辽金时期图书出版楔入北方文化融合进程研究

责任编辑	高冀蒙
责任印制	李　颖
出版发行	中央编译出版社
地　　址	北京市海淀区北四环西路 69 号（100080）
网　　址	www.cctpcm.com
电　　话	（010）55627391（总编室）　（010）55625173（编辑室）
	（010）55627320（发行部）　（010）55627377（新技术部）
经　　销	全国新华书店
印　　刷	佳兴达印刷（天津）有限公司
开　　本	710 毫米×1000 毫米　1/16
字　　数	196 千字
印　　张	13.25
版　　次	2025 年 5 月第 1 版
印　　次	2025 年 5 月第 1 次印刷
定　　价	75.00 元

新浪微博　@中央编译出版社　　　　微　信　中央编译出版社（ID：cctphome）
淘宝店铺　中央编译出版社直销店（http://shop108367160.taobao.com）　（010）55627331

本社常年法律顾问　北京市吴栾赵阎律师事务所律师　闫军　梁勤
凡有印装质量问题，本社负责调换。电话：（010）55627320

目 录

第一章 绪 论 ·· 001
  一、文化认同的内涵 ·· 001
    （一）文化认同的概念 ·· 002
    （二）文化认同的内容、类型与结构 ································ 007
  二、辽金时期图书出版研究综述 ··· 011
    （一）编辑出版学视域下辽金图书出版研究成果的梳理 ····· 011
    （二）历史学视角下辽金图书出版研究的渐次发展 ············ 021
    （三）民族文化认同视阈下辽金图书出版问题的隐性探究 ··· 024
    （四）未来辽金图书出版研究的展望 ································ 026
  三、辽金时期北方民族文化融合问题研究概况 ··················· 027
    （一）关于民族文化融合的途径 ······································· 027
    （二）影响民族融合进程的主要因素 ································ 031

第二章 文化认同与辽金时期图书出版的发展 ··················· 036
  一、文化认同是辽金时期图书出版发展的逻辑前提 ············ 036
    （一）将儒学思想确立为治国理念 ··································· 037

（二）对中原典章制度的承袭与创新 …………………… 041
　　（三）对汉族士人的选用与重视 ……………………… 043
二、文化认同决定辽金时期图书出版的方向与内容 ………… 045
　　（一）对中原汉民族文化的认同 ……………………… 045
　　（二）对本民族文化的认同 …………………………… 048
　　（三）被汉民族认同 …………………………………… 054
　　（四）互相认同 ………………………………………… 064
三、辽金时期图书出版发展对文化认同的反向推动 ………… 070

第三章　辽金时期图书出版与中华民族共同体意识的发展 …… 079
一、儒学典籍成为中华民族共同体意识形成的理论基石 …… 079
　　（一）儒学典籍出版为儒学阅读创造了前提条件 …… 081
　　（二）儒学典籍阅读与传播是中华民族共同体意识萌发的
　　　　　催化剂 ………………………………………… 084
　　（三）儒学典籍是强化中华民族内聚性的重要凭借 …… 090
二、汉文典籍出版为中华民族通用语言文字形成提供了物质
　　支持 ……………………………………………………… 095
三、图书典籍成为维系中华民族共同体意识发展的精神纽带 …… 102
　　（一）史学典籍的编撰出版凝聚了共同的历史记忆 …… 103
　　（二）各类典籍的编纂出版丰富了中华文化的内容 …… 106
　　（三）图书典籍的出版营建了各民族共有的精神家园 …… 108

第四章　从辽金时期图书出版透视北方文化融合进程 ………… 112
一、从汉文书籍与少数民族文字典籍的出版透视各民族语言文化
　　的融合 …………………………………………………… 112
　　（一）汉字影响下契丹字与女真字的创制 …………… 113
　　（二）契丹、女真民族语言文字图书的出版 ………… 115

二、从图书出版看正统观念的演进历程 ………………………… 119
  （一）辽图书出版活动与正统观念的演进 ………………… 120
  （二）金人对"正统"地位的认识 ………………………… 121

三、从史籍编撰看北方民族文化融合的历史进程 ……………… 125
  （一）史学编撰者的民族身份多元化 ……………………… 125
  （二）从史籍的阅读与修撰看北方民族文化融合 ………… 127

四、从文学作品的出版看北方民族文化融合 …………………… 130
  （一）辽、金建立之初的典籍流通为其文学创作奠定了前期
      基础 …………………………………………………… 130
  （二）辽朝文学创作与民族文化融合 ……………………… 133
  （三）金朝的文学创作 ……………………………………… 135

第五章 辽金时期图书出版对北方民族文化融合的作用 ………… 139

一、图书典籍是各民族文化融合的重要媒介 …………………… 139
  （一）辽金政权对图书典籍的搜集 ………………………… 139
  （二）图书典籍与辽金典章制度的确立 …………………… 141
  （三）图书典籍与辽金法制体系的建设 …………………… 144
  （四）图书典籍对辽金礼乐制度的影响 …………………… 147
  （五）宋朝历书与辽金历法 ………………………………… 150

二、图书典籍成为汇聚各民族心理的黏合剂 …………………… 152
  （一）图书典籍与辽金社会尊孔崇儒风气的形成 ………… 153
  （二）图书典籍与辽金"中国"观的嬗变 ………………… 159
  （三）图书典籍与辽金教育事业的发展 …………………… 164

三、图书典籍成为各民族文化融合的重要体现 ………………… 171
  （一）诗文集的出版 ………………………………………… 171
  （二）宗教类典籍的出版 …………………………………… 177
  （三）字书与韵书的出版 …………………………………… 180

参考文献 ·· 184
   一、专著类 ·· 184
   二、期刊类 ·· 195
   三、学位论文类 ·· 204

第一章 绪 论

一、文化认同的内涵

文化认同（Cultural identification）是心理学、哲学、人类学、民族学等学科讨论的重要理论问题，"被频繁纳入人类学家、政治学家、哲学家等的研究视野，其甚至作为国家、地区和社会治理的重要手段和工具"。① 同时，当下社会发展实际也使文化认同这一概念成为众多学者关注的焦点。

> 所有这些跨越疆界、国家、民族、地区的流动、移居、放逐和迁徙，形成了20世纪以来独特的、全球性的"散居"（Diaspora）现象，并且带来了空前突出的文化身份问题与文化"认同危机"，从而也使文化身份和文化认同问题在文化研究领域中成为聚焦了众多矛盾、论争和复杂性的问题领域。②

---

① 都永浩、左岫仙：《国内外文化认同研究综述及分析》，载《黑龙江民族丛刊》，2020年第5期，第1—8页。
② 阎嘉：《文学研究中的文化身份与文化认同问题》，载《江西社会科学》，2006年第9期，第62—66页。

正因为如此,"文化认同问题研究近年来成为国内外一个热点领域,这不仅是因为学者的兴趣,更因为文化认同问题是当代社会中显现出来的影响最广泛、最活跃的一个因子"。① 虽然文化认同问题越来越受到学者们的关注,但笔者通过梳理相关研究成果发现,关于文化认同的概念、内容、层次或结构等问题目前仍处于讨论之中,国内外学界尚未就此达成一致。

(一) 文化认同的概念

对于文化认同概念或定义的界定,因其研究视阈或依据理论的差异而观点各异。在笔者看来,目前学术界对文化认同的界定主要具有狭义和广义两个主流方向。狭义的文化认同概念大多是以自我为中心,对个体或群体主流文化所具有的强烈倾向与归属感。刘社欣、王仕民等就提出过:

> 文化认同是指个体或群体对自己所遵循的文化符号、文化理念和价值观念等所进行的一种文化确认。文化认同更多是指民族文化的价值认同;文化价值的混乱必然会影响到文化认同,进而影响与之关联的民族认同和国家认同。②

杜刚等也有相似认识。

> 所谓文化认同(cultural identity)是人们在一个民族共同体中长期共同生活所形成的对本民族文化的肯定性体认,其核心是对一个民族的基本价值的认同;文化认同是增强民族凝聚力的精神纽带,是民

---

① 郑晓云:《文化认同论》,北京:中国社会科学出版社2008年版,第8页。
② 刘社欣、王仕民:《文化认同视域下的国家认同》,载《学术研究》,2015年第2期,第23—28、159页。

族共同体生命延续的精神基因。文化认同从层次上可以分为"自然认同、强制认同和理解认同"。①

以上关于文化认同的定义也可以理解为将文化认同等同于民族认同或族群认同,"文化认同属于国内民族认同的第三层含义,即族群认同"。而民族认同的第三层含义是国内各民族认同于本族文化,即与主流文化有差别的国民对本文化群体的认同,视为族群认同(Ethnic Identification)。② 其核心内容是民族成员对本民族文化及其价值的认同和接纳,"文化认同是民族成员对本民族文化的承认、认可和赞同,由此产生归属意识,进而获得文化自觉的过程"。"文化认同的本质是民族文化的价值认同。"③ 这样的文化认同是维系民族间团结的重要前提和基础,"群体中社会成员通过寻找文化上的共性或差异的过程中对某一文化所形成的认同感,在整个认同体系中居于最核心、最基础的位置。因此,文化认同是共同体形成的重要思想基础"。④

文化认同是民族生存和发展的重要力量,是推动民族繁荣发展的基石,是增进民族团结的精神纽带。⑤ 但究其实质,似乎称其为自我认同更为准确,在此前提下形成的民族文化才会得到广泛认同,即文化认同是民族文化认同的基础和推动力,"文化认同实质是一种'自我认同'"。"对

---

① 杜刚:《文化治理现代化与文化软实力提升研究》,太原:山西经济出版社2022年版,第151页。

② 韩辉:《藏族大学生文化认同结构及自我价值感的关系研究》,西北师范大学硕士论文,2002年,第9—11页。

③ 詹小美、王仕民:《文化认同视域下的政治认同》,载《中国社会科学》,2013年第9期,第27—39页。

④ 崔榕、赵智娜:《文化认同与中华民族共同体建设》,载《民族学刊》,2021年第8期,第1—8、120页。

⑤ 刘焕明、刘坤:《文化认同是铸牢中华民族共同体意识的根脉》,载《黑龙江民族丛刊》,2022年第3期,第8—13页。

文化自我的认同，促使产生其独特的民族文化，维系着民族的存在和发展，产生着民族自身的凝聚力。""民族之所以能产生认同，就在于民族成员对特定民族文化所产生的认同，文化认同是民族认同的基础，文化认同促进民族认同，进而产生民族凝聚力。"①

广义的文化认同概念强调对某种指向性文化的倾向、认可与接纳。"文化认同是人类对于文化的倾向性共识与认可。这种共识与认可是人类对自然认知的升华，并形成支配人类行为的思维准则与价值取向。"② 这既包括个体或群体所在族群的自我文化，也包括族群以外其他文化，不仅是单方面的认同，也包括相互认同与融合，这一认识也为多数研究者所接受。

> 文化认同就是个体群体对于自身文化又或是个体受到文化的影响而产生同化的过程。③

> 所谓文化认同，是指特定的个体或群体，在文化交往或文化碰撞中，彼此从对方文化的历史渊源、文化特征、文化价值和人文底蕴中找到共同点或相似点，从而促进彼此之间的亲和与凝聚。④

综合以上对文化认同定义的理解，关于文化认同的特点可以归纳为以下几点。

第一，文化认同有其产生的必要逻辑，是族群赖以形成与存在的必要

---

① 林伟健：《国家凝聚力：从文化认同到政治认同》，载《广东省社会主义学院学报》，2009年第3期，第5—7页。
② 郑晓云：《文化认同论》，北京：中国社会科学出版社2008年版，第4页。
③ 王晓军：《文化认同视角下中国文化较实力建设研究》，河北师范大学博士论文，2020年，第30—31页。
④ 章权才：《"文化认同与和谐社会建设"学术座谈会发言摘要》，载《广东省社会主义学院学报》，2006年第3期，第43页。

条件。究其本质，文化认同"是生活在同一个区域或共同体内的人们对本区域核心价值、基本理念的认同，它是联系本地区、本民族的精神纽带与精神基础"①。其认同程度取决于个体与群体的差异性影响，"指个体对某个文化的认同程度，具体说是个体自己的认知、态度和行为与某个文化中多数成员的认知、态度和行为相同或相一致的程度"②。"文化认同是民族认同、国家认同的重要基础，是民族心理最核心、最深层的部分，一个民族对本民族强烈的文化认同是一个民族和国家立于不败之地的精神支柱。"③

第二，文化认同既可以理解为寻找一种归属感的需要，也是族群发展中异类文化相互碰撞后的不二选择。文化认同首先被认为是一种归属感。"文化认同意味着接受并归属一种文化"④，"从文化学理论看，文化认同，就是指人类群体或个体对于某一特定文化的归属和接纳。它带有特定指向的意义"⑤。"文化认同（cultural identity），通常被理解为个体或群体对自身所属的文化体系自发形成的一种内在情感，表现为一种归属感或文化情结。"⑥ 当然，在确定归属某种文化前，这一过程也并非轻而易举就能实现，"据此，文化研究中将文化认同定义为：某一文化主体在强势与弱势文化之间的集体身份选择时，所产生的强烈思想震荡与巨大的精神磨难，

---

① 高璐夷、储常胜：《文化认同与典籍翻译》，载《安徽工业大学学报（社会科学版）》，2014年第3期，第61—62页。

② 郑雪、王磊：《中国留学生的文化认同、社会取向与主观幸福感》，载《心理发展与教育》，2005年第1期，第48—54页。

③ 王霞：《民族地区中华文化认同与边疆文化安全》，载《黑龙江民族丛刊》，2012年第5期，第46—51页。

④ 徐则平：《试论民族文化认同的"软实力"价值》，载《思想战线》，2008年第3期，第87—91页。

⑤ 焦润明：《略论东北亚的跨文化认同及其意义》，载《东北亚论坛》，2005年第2期，第84—88页。

⑥ 雷勇：《论跨界民族的文化认同及其现代建构》，载《世界民族》，2011年第2期，第9—14页。

是一种焦虑与希冀、痛苦与欣悦并存的主题体验"。①

第三,文化认同是基于不同族群各自或相互需要的结果,最终是文化的融合与发展的结果。

> 文化认同(cultural identity)在心理上表现为个体对于所属文化以及文化群体产生归属感,进而在行为上表现为对这种文化所包含的价值体系、精神结构进行不断地内化、保持与发展。文化认同作为个体的文化归属和价值支点之所在,成为维系秩序的"黏合剂",是民族认同和社会认同的深层基础。民族群体的文化认同就是民族成员共同的文化心理或文化归属感,它是民族认同的内在要求和前提条件。②

"文化认同有其潜在的逻辑,首先,具有各自不同文化的人群,需要找到某种共同的文化;第二,共同的文化并不是以消灭各自的文化差异为前提。"③

第四,文化认同在一定意义上不只是指心理的归属,也可以是一种共享经验或体验。"对象有时是个体有时是群体,但身份和角色只有在一定的社会关系中才存在,因此可以说文化认同是一种共享的经验或体验。"④ 同时,认同不仅是一种态度,也体现为两种文化相互内化的过程,这也是文化融合的具体表现。

---

① 黄锐:《西南边境跨界人口流动研究》,北京:中央民族大学出版社2017年版,第42页。
② 栗志刚:《民族认同的精神文化内涵》,载《世界民族》,2010年第2期,第1—5页。
③ 张小军:《中华民族共同体的文化认同》,载《原生态民族文化学刊》,2022年第1期,第35—40、153页。
④ 陈刚:《全球化与文化认同》,载《江海学刊》,2002年第5期,第49—54页。

文化认同指的是人们对某种文化的认可、接受和自觉实践，并按照该文化形成自身的思想体系以确认自我身份、融入同类群体和追寻价值意义。简单地说文化认同，就是把外在的文化变成自身的知识体系、价值体系和审判体系，变成人自身的本质力量的过程。①

文化认同，表达的是主体情感归属的心理活动，是对客体文化在语言、风俗习惯、价值观念等方面的认可、接受、归属与践行。②

(二) 文化认同的内容、类型与结构

文化认同这一问题在不同领域的广泛运用与研究，使得文化认同的内容愈加丰富和复杂化。

学术界对文化认同的定义除了宏观上对其进行解释外，多数研究者都是根据自己的研究领域在微观上对其进行了界定。因为文化本身包含的内涵便十分庞杂，既有物质层面的、行为层面的文化，也有制度层面的、精神层面的文化等内容，所以文化认同的具体内容也就各不相同。③

王霞指出：

文化认同包括价值规范认同、宗教信仰认同、风俗习惯认同、语言文字认同、艺术认同等；广义的文化认同还包括国家文化认同、社

---

① 钟星星：《现代文化认同问题研究》，中共中央党校博士论文，2014 年，第 23 页。
② 张全峰：《唯物史观视域中的文化认同研究》，中共中央党校博士论文，2018 年，第 22 页。
③ 李秋香：《文化认同与文化控制：秦汉民间信仰研究》，河南大学博士论文，2010 年，第 63 页。

会文化认同、群体文化认同、物质文化认同、制度文化认同、行为文化认同和精神文化认同等。①

殷实认为：

> 文化认同，即文化身份，意指对自身文化身份和地位的一种自觉和把握。文化认同表现在方方面面，如政治、经济、伦理、宗教、语言和观念等，凡同人的活动有关的一切领域几乎都是文化的领域，因而都有个文化认同的问题。②

陈世联认为：

> 文化认同（cultural identity）意指个体对于所属文化以及文化群体内化并产生归属感，从而获得、保持与创新自身文化的社会心理过程。文化认同包括社会价值规范认同、宗教信仰认同、风俗习惯认同、语言认同、艺术认同等。③

也有学者是从文化认同依据的角度来确认文化认同的内容。

> 文化认同，就是指对人们之间或个人同群众之间的共同文化的确认。使用相同的文化符号、遵循共同的文化理念、秉承共有的思维模

---

① 王霞：《民族地区中华文化认同与边疆文化安全》，载《黑龙江民族丛刊》，2012年第5期，第46—51页。
② 殷实：《文化认同与归国文化冲击——基于社会认知理论的研究》，华东师范大学硕士论文，2008年，第25页。
③ 陈世联：《文化认同、文化和谐与社会和谐》，载《西南民族大学学报（人文社科版）》，2006年第3期，第117—121页。

式和行为规范,是文化认同的依据。①

关于文化认同的类型与结构,也体现在不同研究层面或视角。赵璇提出,人类对文化的认同可以通过以下途径来实现:自然认同、通过文化接触和交融获得的认同、民族分化融合中的认同、主体文化辐射中的认同以及强制认同,即从实现途径角度将文化认同分为五种类型。② 丁琴海则把文化认同划分为开放性文化认同、混杂性文化认同以及民族文化身份性认同三种基本类型,分别侧重于认同心态、文化认同的当下形态、过程和构成,以及全球化时代文化认同与民族身份之间的关系等。③ 邢媛则认为,"文化认同理论部分地体现着人类在反思现代性的活动中达到的哲学理解、认知理念",就此将文化认同划分为经验主义的、功能主义的和现实主义的三种类型。④ 任峥则认为:

> 从跨文化教育的层面上看,对文化的认同包含三个方面:自我认同、他者认同和认同他者。文化的自我认同,即对自身民族文化的认同,指的是人们在一个民族共同体中长期共同生活所形成的对本民族最有意义的事物的肯定性认同……他者认同指的是一个民族的文化受到了异质文化的认同……认同他者指的是对异质文化的认同。⑤

---

① 张云鹏:《文化权:自我认同与他者认同的向度》,吉林大学博士论文,2005年,第154—155页。
② 赵璇:《构建当代中华民族共有精神家园》,广州:世界图书出版广东有限公司2014年版,第132页。
③ 丁琴海:《论全球化时代的文化认同》,载《国际关系学院学报》,2009年第2期,第51—57页。
④ 邢媛:《论文化认同的三种主要形式》,载《科学技术哲学研究》,2017年第4期,第102—107页。
⑤ 任峥、庞媛:《跨文化教育和跨文化交际教育研究》,北京:对外经济贸易大学出版社2021年版,第146页。

而在王鉴、万明钢等看来,文化认同可分为三种情况:一是同一民族文化认同,即超越民族国家的世界范围内的不同文化的各自认同;二是同一信仰文化的认同,不分种族、性别、国籍等的相互认同;三是世界不同文化圈的认同。①

以上分析基本上是对文化认同进行的平面化表述,而佐斌等人的分析则是对文化认同结构进行了纵面剖析,是对文化认同不同阶段的递进式表达。

> 文化认同包括人们对自然、社会和人类自身的总的认识,体现了人们的世界观、价值观和人生观,是一个完整的体系。
>
> 根据文化认同的程度可分为三个层次:一是文化认同的表现层,即对文化形式的认同;二是文化认同的保护层,即对文化规范的认同;三是文化认同的核心层,即对文化价值的认同。三个层次相互影响和相互作用,构成了文化认同的体系。②

和少英、和光翰也持相似观点:

> 文化认同是一个由表及里逐渐发展的内化过程,亦可按其程度大致分为三个层次:一是对文化形式的认同,这是文化认同浅表层的;二是对文化规范与准则的认同,可被视为文化认同的中间层;三是对文化价值的认同,这就属于文化认同的核心层了。③

---

① 王鉴、万明钢:《多元文化与民族认同》,载《广西民族研究》,2004年第2期,第21—28页。

② 佐斌、温芳芳:《当代中国人的文化认同》,载《中国科学院院刊》,2017年第2期,第175—187页。

③ 和少英、和光翰:《文化认同与文化挪借》,载《云南社会科学》,2018年第6期,第182—183页。

显而易见，由于研究的出发点与目标不同，到底如何划分与建构文化认同的类型结构仍是见仁见智的问题。

"文化认同应该是具体性的，因为文化认同表现在各个领域，产生背景不一，对其研究领域自然更加具体化和准确化，而不是概括较为模糊的整体文化。"① 因此，本书所讨论的文化认同是指辽宋金元时期契丹、女真等少数民族及其政权对汉民族文化在心理上的认可与赞同，实践中的吸纳与融合。文化认同的内容主要包括社会制度、道德规范、语言文字、宗教信仰、风俗习惯、文化艺术以及道统的认同与传承等。具体实践中又表现为以下四个层次，即对本民族文化的认同、对汉族等其他民族文化的认同、被他族政权认同以及互相认同。

二、辽金时期图书出版研究综述

辽金图书出版问题，是编辑出版学和历史学两个学科共同关注的重要问题之一，研究对象和研究方法因为学科的差异也各不相同。相对而言，编辑出版学对辽金图书出版问题的关注要更早一些，研究内容和成果也比较丰富。在很长一段时间里，历史学科对于辽金图书出版问题则没有给予应有的重视，研究成果也比较有限，往往仅限于在辽金文化发展的部分略有提及，尚缺乏深入系统的专题研究，直到时下才有所改变。本书通过对以往辽金图书出版研究成果的梳理，重溯该问题研究沿革与进路的同时，分析未来的发展走向，以期引起史学界同仁尤其是辽金史学领域前辈专家与学者的重视，进一步推动辽金图书出版研究向纵深发展。

(一) 编辑出版学视域下辽金图书出版研究成果的梳理

编辑出版学研究的对象十分广泛，仅就辽金图书出版问题而言，现有

---

① 王晓军：《文化认同视角下中国文化较实力建设研究》，河北师范大学博士论文，2020年，第30—31页。

的研究成果更多集中于"出版"要素所涵盖的内容。"出版"一词在不同的历史时期有不同的含义，在不同的认识视角有不同的理解，因此学界目前尚未形成统一的认识，比较通行的观点主要有两要素说和三要素说。两要素说的主要观点认为，兼具复制与发行两个步骤的活动即为出版，如《世界版权公约》中"出版"的定义是："可供阅读的或视觉可以感知的著作物以有形的形式加以复制并向公众广泛发行。"即将著作物通过某种手段或技术制作出多个复制件，再将这些复制品向公众传播即出版。如我国古代印刷术发明以前，出版是通过手抄的方式将著述制成多份手抄本的复制件，再拿到市场上出售。印刷术发明以后，雕版印刷成为复制作品的主要手段。三要素说认为出版是兼具编辑、复制与发行三个步骤的活动。如《不列颠百科全书》（1973）中对"出版"的定义是"对书写的著作物的选择、复制与发行"。国内很多学者采用此说，如许力以提出："出版，是通过一定的物质载体，将著作制成各种形式的出版物，以传播科学文化和进行思想交流的一种社会活动。"[①] 曹之所编著的《中国古代图书史》主要从古代图书的编撰、出版和传播等几个方面，以历史朝代为序描写了古代图书发展的历史，即是三要素说的具体实践。[②] 三要素说界定的出版概念，在复制与发行这两个要素之上增加了编辑要素。一般地讲，两要素说代表早期的或起码的出版活动；三要素说代表成熟的出版活动。现在大多数人均认同三要素说，笔者也采用了这种观点，即认为出版是指对知识、信息进行加工并复制到有形的物质载体之上，再通过此复制件将信息内容传递给众多受众，以实现信息流通和共享的社会活动。编辑出版学视域下对辽金图书出版问题的研究，也主要集中于图书的编辑、复制与流通三个方面。

---

① 许力以：《许力以出版文集》，北京：中国书籍出版社1993年版，第3页。
② 曹之：《中国古代图书史》，武汉：武汉大学出版社2015年版。

第一章 绪 论

1. 关于辽金图书编撰的通识性研究

作为中国古代图书编撰史的一部分，部分通识性著述对辽金图书编撰问题有所涉猎。肖东发等人早在《中国书史》①《中国编辑出版史》② 等著述中，对辽金编著图书情况做了简要叙述。曹之的《中国古籍编撰史》一书，对辽金官修经史和部分著名编撰家及其编纂事例进行了介绍。③ 张树栋等著的《中华印刷通史》一书，考察了金代所刻书籍在编纂形式和版本类型方面新的发展变化，认为在金代出现了比较多的对某些原有刻本的新版本，或对经、史著作的注解、摘要。④ 王志国、李会林等人主编的《中国书史（古代）》主要从官府与私人两个角度介绍了辽金图书事业的发展，对辽金编撰的图书做了简要介绍。⑤ 霍艳芳所著《中国图书官修史》专门对辽金官修史书情况做了较为详细的介绍，总结了辽金官修史书的主要成就和特点。⑥ 黄镇伟所编著的《中国编辑出版史》对辽金两代图书编辑出版事业做了简要介绍，涉及图书编撰的内容不多。⑦

相比较之下，探讨辽金图书编撰方面的论文不是很多。比较有代表性的如曹之的《辽金元图书编撰考略》一文，从官修书、私人著书、图书内容、编撰形式等方面论述了辽金图书编撰的成就，介绍了官方的修书机构，主要有国史院、详校所、详定所和译经所等。⑧ 郭阳、高万丽的《论

---

① 郑如斯、肖东发：《中国书史》，北京：书目文献出版社1987年版。
② 肖东发：《中国编辑出版史》，沈阳：辽宁教育出版社1996年版。
③ 曹之：《中国古籍编撰史》，武汉：武汉大学出版社2015年版。
④ 张树栋、庞多益、郑如斯：《中华印刷通史》，北京：印刷工业出版社1999年版。
⑤ 王志国、李会林、车锦华：《中国书史（古代）》，呼和浩特：内蒙古人民出版社2008版。
⑥ 霍艳芳：《中国图书官修史》，武汉：武汉大学出版社2014年版。
⑦ 黄镇伟：《中国编辑出版史》，苏州：苏州大学出版社2014年版。
⑧ 曹之：《辽金元图书编撰考略》，载《图书馆工作与研究》，2000年第1期，第40—43页。

宋辽夏金元时期的历史编辑》一文则对金代历史编纂情况进行了简要介绍，并指出金代史学编撰兴盛，是金朝习染汉风的结果。① 霍艳芳的《略论辽代官方史书的编撰》② 和《略论金代官方史书的编撰》③，从史书编撰机构与人员设置、史书编撰成就等方面对辽金官方史书的编撰情况进行了介绍与探讨。

2. 关于辽金图书刻印方面的研究成果较为丰富

中国的雕版印刷术发明于唐朝初年，到宋代业已进入了较为成熟的发展阶段。辽金政权建立后，也先后采用了这个先进技术，公私刻书活动较为活跃。编辑出版学领域的学者对辽金时期的图书刻印问题很早就予以了关注，集中体现在以下三个方面。

一是关于辽金刻书地点及发展原因的研究与探讨。

早在1959年，张秀民即对辽金时期的刻书问题进行了研究，他所发表的《辽金西夏刻书简史》一文，对辽代所刻契丹藏做了简要介绍，重点考证了金代的刻书地点，并提出了"金代十九路中有刻书地点可考的共九路"，刻书中心有中都、南京、平阳和宁晋四处④等重要结论，基本上为后来的学者所沿用。如李致忠的《古代版印通论》《历代刻书考述》和《中国出版通史·宋辽夏金卷》等著述，均采用此说。

李致忠的《辽代刻书述略》一文，在分析辽代刻书社会背景的基础

---

① 郭阳、万高丽：《论宋、辽、夏、金、元时期的历史编辑》，载《河南社会科学》，1997年第4期，第61—64页。
② 霍艳芳：《略论辽代官方史书的编撰》，载《图书情报工作》，2009年第19期，第138—141页。
③ 霍艳芳：《略论金代官方史书的编撰》，载《史学史研究》，2010年第2期，第39—45页。
④ 张秀民：《辽、金、西夏刻书简史》，载《文物》，1959年第3期，第11—16页。

上,重点对辽代的刻书状况进行了较为系统的介绍。① 而后在其所著的《历代刻书考述》一书中又对金代刻书的社会背景进行了分析,认为女真文字的创制、兴学立教、尊孔读经、科举选士,乃至于大量索取宋刻图籍板片,制造了刻书业发展的文化氛围。② 张树栋等人的《中华印刷通史》主要介绍了重现于三座辽塔内的辽代雕版印刷品,分析了金代刻书事业发展的原因,即在于金政权重视发展文化事业和图书典籍的收藏。③ 冯方的《辽金刻书业的发达及其原因》一文对辽金刻书业发达原因的论述较为全面,有仰慕唐宋汉文化,统治者大力提倡,统治者设立学制及科举取士等,但最终原因不外乎"唐宋汉文化深刻影响及文化自身发展的结果"。④ 施国新在《辽代的图书出版与书籍传播诸问题论析》中对辽代图书编修及藏书机构、装帧与版式、传播与交流进行了研究。⑤ 黄超群在《辽代刻书研究》中对辽代刻书概况、刻书地点、机构、版本特征及刻书影响进行了研究。⑥

二是对辽金刻书系统的研究。

我国古代刻书系统一般分为官方刻书和私人刻书及寺院和宫观刻书三大系统,官刻指中央和地方各官署的刻书,私人刻书包括坊肆刻书、家宅刻书。目前对于辽金刻书系统的研究主要集中于中央和地方官署刻书、坊肆刻书和寺院宫观刻书三个方面。

---

① 李致忠:《辽代刻书述略》,见《古籍整理与研究》编辑部:《古籍整理与研究》(第6期),北京:中华书局1991年版。

② 李致忠:《历代刻书考述》,成都:巴蜀书社1990年版。

③ 张树栋、庞多益、郑如斯等:《中华印刷通史》,北京:印刷工业出版社1999年版。

④ 冯方:《辽金刻书业的发达及其原因》,载《古籍整理研究学刊》,1994年第2期,第40—43页。

⑤ 施国新:《辽代的图书出版与书籍传播诸问题论析》,载《理论月刊》,2014年第6期,第74—76页。

⑥ 黄超群:《辽代刻书研究》,河北大学硕士论文,2023年6月。

文化认同视阈下辽金时期图书出版楔入北方文化融合进程研究

就辽金官方刻书而言，涉及金代的研究成果比较多。1935 年张秀民在《金源监本考》①中最早对金国子监刻书进行考证，指出金代国子监刻书可与宋国子监媲美，具体考证出金国子监印本 33 种，疑似国子监刻本的女真字译本 15 种。1959 年张秀民又在《辽金西夏刻书简史》中指出金代官方刻书机构除国子监外，还有史馆参与刻书。②李致忠的《历代刻书考述》在叙述了金代官方刻书概况后，指出金代官方刻书首推国子监，在金国子监设立之前，北宋汴京旧监仍在刻书，可视为金代国子监刻书的序幕。另外又指出《地理新书》和《东狩射虎赋》也是金国子监所刻的。并推测金的官方刻书机构还有弘文院、秘书监、史馆等。③此后李致忠先生还出版了《古代版印通论》和《中国出版通史·宋辽西夏金元》卷，基本延续了《历代刻书考述》中的结论。对金代官方刻书机构和所刻书籍进行论述的成果还有很多，但都没有超越以上两部著作的研究结论，因此这里不一一赘述。

对辽金私人刻书的研究，主要集中于坊肆刻书地点的考证上，对家宅刻书的研究成果尚不多见。李致忠在《古籍版本知识 500 问》一书中，通过对应县木塔所发现经卷的分析，得出了辽代的燕京是北方刻书中心的结论。④李东溟在《辽代北京刻书小考》中把辽代刻书分为官刻、坊刻、私刻三种形式，通过对一些佛经题记或雕记分析后认为，"辽时南京的雕刻手工作坊的规模也是很大的。同时，私人刻书业也很繁荣"。⑤

由于平水是金代的主要刻书中心之一，学界对金代坊刻的研究基本上

---

① 张秀民：《金源监本考》，载《图书季刊》，1935 年第 1 期，第 19—43 页。
② 张秀民：《辽、金、西夏刻书简史》，载《文物》，1959 年第 3 期，第 11—16 页。
③ 李致忠：《历代刻书考述》，成都：巴蜀书社 1990 年版。
④ 李致忠：《古籍版本知识 500 问》，北京：北京图书馆出版社 2001 年版。
⑤ 李东溟：《辽代北京刻书小考》，见张展：《北京文博》（第 4 辑），北京：北京燕山出版社 1998 年版。

第一章 绪 论

是围绕着平水的相关问题而展开的。如关于平水名称及其地理位置问题,于霞裳在《金元时期平水印刷业初探》一文中进行了探讨,认为:"平水板书籍的刻印早在金平水县设置之前,故'平水'并非取义于县名。因'平阳府倚郭有平水,是平水即平阳也。'故金人刻书不称平阳而称平水。"① 刘纬毅的《山西古代刻书考略》一文则认为,由于山西临汾在平水之阳,故古称平阳,又作平水,并得出了平水即今山西临汾的结论。② 刘国钧在《中国书史简编》一书中提出:金代刻书中心在平水,而平水就是现在山西的洪洞和赵城县。③ 毛春翔《古书版本常谈》一书则认为,"平水在今山西境内,据说其地当在今新绛县境。"④ 张承宗在《金代刻书中心平水考辨》一文中则通过考证得出金代"平阳府"为今天的临汾、平水为"今山西临汾一带"的观点,否定了"平水在洪赵一带"及"平水在今新绛县"的以上两种说法。⑤ 李晋林在《金元时期平水刻板印刷考述》一文中进一步论证了张承宗的观点,认为平水非金平水县,而是山西临汾的别名,又由于历史上临汾曾称平阳县,故"平水"指的就是金的平阳府。⑥ 宋德金在其论著《金史》一书也认为平阳即山西临汾,别称平水,以城南有汾水支流平水而得名,故所刻书籍称"平水板"。⑦ 另外,如魏隐

---

① 于霞裳:《金元时期平水印刷业初探》,载《山西师范学院学报》,1958年第2期,第27—39页。

② 刘纬毅:《山西古代刻书考略》,载《山西大学学报(哲学社会科学版)》,1979年第2期,第78—91页。

③ 刘国钧:《中国书史简编》,北京:高等教育出版社1958年版。

④ 毛春翔:《古书版本常谈》,北京:中华书局1962年版。

⑤ 张承宗:《金代刻书中心平水考辨》,载《苏州大学学报》,1982年第2期,第106—107、99页。

⑥ 李晋林:《金元时期平水刻板印刷考述(上)》,载《文献》,2001年第2期,第64—75页。

⑦ 宋德金:《金史》,北京:人民出版社2004年版,第142页。

儒在《古籍版本鉴定丛谈》一书中也对张承宗的观点表示了认同。① 王永胜在《金元平阳刻书的特点及文化影响》中重点考证了平水本中最具代表性的"平水韵""四美图"《赵城金藏》《重修政和经史证类备用本草》等平阳刻本。② 王娟在《"平水本"刊刻范围与名称由来考辨》中指出平阳应是漫长历史中在核心行政区域范围基础上形成的文化区域范围。③

关于平水成为金代刻书中心原因的研究。清代版本学家叶德辉在《书林清话》一书中撰有"金时平水刻书之盛"一文，指出金代平水汇集了众多的书坊，成为金代坊刻最集中的地区，形成这一状况的原因是"金源分割中原不久，乘以干戈，惟平水不当要冲，故书坊时萃于此"。④ 王欣夫《文献学讲义》中也认为平水环境较为安定，北宋的文人和刻工为了躲避战乱大多迁居到这里，政府鉴于这种情况便在平水设立了刻书管理机构。⑤ 于霞裳在《金元时期平水印刷业初探》中补充钱氏的观点，分析平水成为金代刻书业中心其原因有三："第一，受北宋的影响，河东南路在北宋时已兴起刻书之风；第二，具备雕版印刷所需要的木、纸、墨等物质条件；第三，平阳非兵家要地，得以休息恢复。"⑥

对辽金寺院与宫观刻书的研究，学界都给予了关注。辽代最引人注目的是佛经的刊刻，与其他种类图书比较而言，辽对雕印佛经投入的精力最多，成果也最为丰富。辽代刊刻有汉文大藏经，称为《辽藏》或《契丹

---

① 魏隐儒：《古籍版本鉴定丛谈》，北京：印刷工业出版社1984年版，第29页。
② 王永胜：《金元平阳刻书的特点及文化影响》，山西大学硕士论文，2011年。
③ 王娟：《"平水本"刊刻范围与名称由来考辨》，载《中北大学学报（哲学社会科学版）》，2015年第2期，第127—130页。
④ 〔清〕叶德辉：《书林清话》，北京：中华书局1957年版，第89页。
⑤ 王欣夫：《文献学讲义》，上海：上海古籍出版社2005年版，第114页。
⑥ 于霞裳：《金元时期平水印刷业初探》，载《山西师范学院学报》，1958年第2期，第27—39页。

藏》。任杰研究发现《契丹藏》雕刻的底本是《开元录》。① 罗炤对《契丹藏》进行了较多关注,对《契丹藏》的音义、版本、刻印地点等进行了研究。② 并对比分析了《契丹藏》与《开宝藏》在版式、卷帙和译者方面的差异。③ 蒋金玲在《论辽代汉人与契丹藏的雕印》中指出《契丹藏》主要由辽朝政府出资,雕刻负责者多为汉人,汉人是辽朝佛教事业发展主要引领者。

金代寺院也雕印了一部《大藏经》,1933 年在山西赵城广胜寺首次发现了这部《金藏》的原本,这是迄今为止发现数量最多的金代出版实物。因为金代刻本流传下来的实物较少,所以赵城金藏引起了学界的广泛关注,对金代寺院刻书的研究也主要集中在对《金藏》的研究上。1934 年蒋唯心就发表了《金藏雕印始末考》④,将其对《金藏》的研究成果公之于众,蒋唯心在对《金藏》内容仔细研读的基础上,结合史料记载考证了金藏的刻印始于皇统九年(1149)开雕,到大定十三年(1173)完成。刻印佛经的发起者为崔法珍,刻印地点为山西解州天宁寺,并分析了金藏的版式和装帧形式。李富华《〈赵城金藏〉研究》⑤ 一文重新考证认为《赵城金藏》最早的刻印时间是天眷二年(1139),否定了蒋唯心所说的皇统九年。何梅在《赵城金藏的几个问题》一文中通过对《赵城金藏》的进一步考察和研究,指出《金藏》的开刻时间仍是蒋唯心考证的皇统九年,否定了李富华所说的刻于金天眷二年的观点,还在文中指出了《赵城金藏》中

---

① 《房山石经之研究》,中国佛教协会 1987 年版,第 21、23 页。
② 罗炤:《有关〈契丹藏〉的几个问题》,载《文物》,1992 年第 11 期,第 53—59 页。
③ 罗炤:《〈契丹藏〉与〈开宝藏〉之差异》,载《文物》,1993 年第 8 期,第 59—65 页。
④ 蒋唯心:《金藏雕印始末考》,南京:支那内学院 1935 年版。
⑤ 李富华:《〈赵城金藏〉研究》,载《世界宗教研究》,1991 年第 4 期,第 1—19 页。

同本异译经的排序有错误及产生错误的原因。① 张德光在《关于赵城〈金藏〉研考中几个问题的商榷》一文中据山西绛县现存元大德元年（1297）《雕藏经主重修太阴寺碑》的记载，分析指出《金藏》是由天宁寺寔公法师和崔法珍大师二人先后主持完成的，补充了前人认为《金藏》由崔法珍一人刻制的说法。② 并指出《金藏》的雕印，是依赖平水成熟的雕印技术完成的。李学帅、冀袖秀通过分析《赵城金藏》卷首图中纯朴的木刻语言、繁简有致的画面构图、写实敦厚的人物造型，论证其具有"素朴"之美；通过探究卷首图中人物状态与画面氛围，并结合史料分析其故事情节，论证其具有"感伤"之美。③

3. 关于辽金图书流通方面的研究成果尚不多见

图书流通是图书出版的最后一个环节，也是图书社会价值得以实现的关键步骤，但由于人们对此关注不够，有关辽金图书流通的研究成果并不多。

张秀民的《中国印刷史》首次论及辽金时期图书的流通，认为金迁都燕京之初就有图书作为商品在市面上流通，西夏就曾向金购买儒、释书籍。但总的来说，宋流向辽金的书籍多，而辽金流向宋的则较少。④ 郑士德所著《中国图书发行史》对辽金两代的常销书进行了介绍，认为在"经济利益的驱动下，两宋图书仍源源不断地流入辽、金。因此，两宋的常销书往往也成为辽、金境内的常销书"。⑤ 除此之外，来新夏《中国图书事业

---

① 何梅：《〈赵城金藏〉的几个问题》，载《中国典籍与文化》，2008年第3期，第30—35页。
② 张德光：《关于赵城〈金藏〉研考中几个问题的商榷》，载《文物世界》，2006年第1期，第33—37页。
③ 李学帅、冀袖秀：《〈赵城金藏〉卷首图审美风格研究》，载《东方收藏》，2022年第12期，第28—30页。
④ 张秀民：《中国印刷史》，上海：上海人民出版社1989年版，第267页。
⑤ 郑士德：《中国图书发行史》，北京：高等教育出版社2000年版，第292页。

史》① 也谈到金代书籍与南宋之间的流通情况。陶晋生《女真史论》一书中关于金宋间书籍交流采用了张秀民的研究成果，同时还进行了补充，认为王若虚的《经史辨惑》一书曾流到南宋。② 程千帆、徐有富撰《校仇广义·典藏编》中通过对金孔天监《藏书记》一文内容的分析指出，金时图书流通思想已经深入人心，并在社会上产生了广泛的影响。③ 刘夕佳在《试论宋辽文化融合中的出版物作用》一文中，探讨了图书典籍对辽宋文化交流的影响，对辽向宋的图书流通情况做了介绍。④ 王龙在《辽代藏书概述》⑤ 中指出契丹贵族和汉族知识分子是私人藏书的主体。汉文典藏在辽朝境内收藏与流通的主流趋势，反映了它永远是中华民族统一强盛的精神纽带和强大动力。佛教在辽朝的盛行，促进了寺院藏书的发展与繁荣，亦成为辽代文化的显著特点。

（二）历史学视角下辽金图书出版研究的渐次发展

新中国成立以来，随着辽金史研究范围的日益扩大，辽金图书出版问题也逐渐进入一部分史学研究者的视野。与明末清初之际仅关注辽金图书种类与数量所不同的是，当代辽金史研究者开始注重对辽金图书内容的研究，并进行较为深入的分析评述。总的来说，这些研究成果大致可分为以下三类。

一是从辽金文化成就角度开展的研究。张博泉先生在 20 世纪 80 年代

---

① 来新夏：《中国图书事业史》，上海：上海人民出版社 2009 年版。
② 陶晋生：《女真史论》，台北：食货出版社 1981 年版，第 125 页。
③ 程千帆、徐有富：《程千帆全集·典藏编》，石家庄：河北教育出版社 2000 年版，第 336 页。
④ 刘夕佳：《试论宋辽文化融合中的出版物作用》，见中国编辑学会秘书处：《我所向往的编辑——第三届"未来编辑杯"获奖文集》，北京：中国经济出版社 2003 年版。
⑤ 王龙：《辽代藏书概述》，载《科技情报开发与经济》，2014 年第 19 期，第 150—153 页。

文化认同视阈下辽金时期图书出版楔入北方文化融合进程研究

初出版的《金史简编》一书，曾专辟"金朝文化"一章对金代的文学、哲学和史学、科技和医学成就做了全面的论述，并对各学科有代表性著述的编纂情况及其内容进行了较为详细的介绍。① 何俊哲等人的《金朝史》②和李桂芝的《辽金简史》③ 在总结辽金史学和文学编纂成就的基础上，对所涉及的各类著述进行了较为详细的介绍。周惠泉《金代文学研究》一书，则针对金代文学方面的 16 种著述进行了评述。④ 刘时觉的《金代医籍年表》一文，著录了现存的从 1127 年到 1279 年间的北方医学古籍，并分别列出每部图书的成书时间、作者、卷数和刊行时间。⑤ 李锡厚所著《中国历史·辽史》和宋德金所著《中国历史·金史》两书在辽金文化成就部分对辽金语言文字、儒学、史学、文学以及自然科学与医学成就等方面进行了系统梳理，涉及各学科著述的编纂情况，特别是对辽金史学编纂情况进行了较为详细的论述。齐木德道尔吉的《辽夏金元史征》一书，则在阐述辽金文学、戏曲及史学成就时涉及了相关图书，但该书主要以罗列史料为主，对图书内容等问题缺少深入的探讨。⑥

二是通过对辽金图书翻译问题的研究探讨文化认同问题。吴凤霞的《辽、金、元的经史翻译与历史认同思想》一文，介绍了辽金时期出现的以契丹文、女真文翻译的经史著作，认为这"不仅丰富了史书的表现形式，也促进了多民族统一国家历史认同思想的发展"。⑦ 莎日娜的《辽金元

---

① 张博泉：《金史简编》，沈阳：辽宁人民出版社 1984 年版。
② 何俊哲等：《金朝史》，北京：中国社会科学出版社 1992 年版。
③ 李桂芝：《辽金简史》，福州：福建人民出版社 2001 年版。
④ 周惠泉：《金代文学研究》，北京：文津出版社 2000 年版。
⑤ 刘时觉：《金代医籍年表》，载《中医药学报》，2004 年第 6 期，第 44—46 页。
⑥ 齐木德道尔吉：《辽夏金元史征》，呼和浩特：内蒙古大学出版社 2007 年版。
⑦ 吴凤霞：《辽、金、元的经史翻译与历史认同思想》，载《河北学刊》，2007 年第 6 期，第 97—99、102 页。

时期儒家经典图书的编译及出版》一文主要介绍了辽金时期对儒家经典图书的出版编译情况。① 张志勇在《辽金时期民族文化的认同与发展》一文中认为，辽金出于对儒家文化的吸纳，不仅刊印了《易》《书》《诗》等儒学典籍，还把《周易》《尚书》《论语》等儒学经典进行了翻译，是对中华文明所产生的心理上的认同，推动了辽金学习中原文化的主动性和自觉性。② 何宛英的《金代史学与金代政治》一文认为金代翻译史籍体现了女真人对汉文化的认同。③ 杨军的《女真语、汉语与女真文化》一文指出金世宗用女真文翻译汉文经史，其本意为提倡女真文化，但事实上却起了相反的作用，促进了汉文化的传播。④

三是以书禁为切入点来研究辽金与宋之间的文化交流问题。曹显征在《辽代的书禁政策》一文中分析了辽代推行书禁政策的原因，主要是为了防止宋朝从文化典籍中窥知时政军情、山川险要、边防利害等军事情报和国家机密，对辽宋文化交流尤其是辽文化的传播产生了重要影响。⑤ 刘浦江《文化的边界——两宋与辽金之间的书禁与书籍流通》一文论述了宋金之间通过榷场贸易与走私贸易两个渠道进行的书籍流通情况，并对参与流通的具体书籍进行了考证。⑥ 甄士龙《薛史的亡佚与金朝的禁书》认为金

---

① 莎日娜：《辽金元时期儒家经典图书的编译及出版》，载《内蒙古大学学报（哲学社会科学版）》，1997年第1期，第32—35页。

② 张志勇：《辽金时期民族文化的认同与发展》，载《辽宁工程技术大学学报（社会科学版）》，2010年第3期，第225—229页。

③ 何宛英：《金代史学与金代政治》，载《北京师范大学学报（社会科学版）》，1998年第3期，第58—64页。

④ 杨军：《女真语、汉语与女真文化》，见韩世明：《辽金史论集》（第10辑），北京：中国社会科学出版社2007年版，第231—241页。

⑤ 曹显征：《辽代的书禁政策》，载《昭乌达蒙族师专学报（北方民族文化）》，1998年第4期，第87—92、86页。

⑥ 刘浦江：《文化的边界——两宋与辽金之间的书禁与书籍流通》，见张希清等：《10—13世纪中国文化的碰撞与融合》，上海：上海人民出版社2006年版，第138页。

朝对《旧五代史》的禁用与《旧五代史》的亡佚有关，并推测金朝禁用《旧五代史》是为了尊崇欧阳修。① 薛瑞兆《论金国与南宋之间的艺文交流》一文对金宋之间艺文交流的渠道和参与流通的书籍进行了详细考证，指出金与南宋之间文艺交流的渠道有移民携带、谍人窃取和榷场买卖。②

（三）民族文化认同视阈下辽金图书出版问题的隐性探究

综合以上内容可以看出，学界对辽金图书出版的研究取得了一些较为丰富的成果，但仍有进一步的研究空间，如对辽金图书出版缺少全面深入的研究，特别是对辽朝的研究成果还较少。针对辽金图书出版与民族文化认同的关系，及其对这一时期中国文化融合与发展所具有的作用也还需进一步深入研究。近几年来，这些问题部分地得到了探讨并取得了一定的成果。

一是对辽金图书出版尤其是金代图书出版出现了较为系统的研究成果。2015 年由中国社会科学出版社出版的《金代图书出版研究》一书，是著者李西亚在其博士毕业论文的基础上补充修改而成的。该书在概述金代图书出版全貌的基础上，对金代图书出版的管理、图书编纂、刻印、装帧设计以及流通与收藏等内容进行了深入而细致的研究，全面总结分析了金代图书出版的特点、作用及其深远影响，并从图书出版的角度探讨了金朝的历史文化认同问题，具有较高的理论与学术价值，是对辽金图书出版问题展开专题研究的首部学术专著。③ 不仅如此，李西亚还在其《金代刻书地点考》和《金代的图书编纂及其作用》两文中，通过反复查阅《金史》

---

① 甄士龙：《薛史的亡佚与金朝的禁书》，载《书品》，2005 年第 1 期，第 95—96 页。

② 薛瑞兆：《论金国与南宋之间的艺文交流》，载《民族文学研究》，2007 年第 1 期，第 121—127 页。

③ 杨卫东：《〈金代图书出版研究〉评介》，载《长春师范大学学报》，2016 年第 5 期，第 198—200 页。

第一章 绪 论

和金人文集笔记,充分利用辽、宋、西夏、元等各个历史时期政权的史料,对金代刻书地点、刻书机构及《金史·艺文志》等进行增补,将金代图书出版的发展状况越来越清晰地展示出来,使金代图书出版研究取得了阶段性进展。①

二是从民族文化认同角度阐释辽金时期图书典籍的作用与影响问题,将辽金图书出版问题引向深入。学界以往的研究成果,多从治国方略、教育文化政策、史学思想及司法制度等方面分析了辽金民族文化认同的各种表现,李西亚的《金朝图书流通与东北儒学传播》一文,分析了金朝时期东北儒学发展的原因在于辽与北宋典籍被金运往内地、入金辽宋文人携带图书典籍、学校流通经史书籍等,这体现了金统治者对儒学文化的认同,从图书典籍流通的角度探讨了金代的民族文化认同问题。② 在《金代经史书籍的出版与民族文化认同》一文中,作者对金代出版的经史书籍进行了梳理,分析了金代经史书籍出版的原因,在此基础上提出了对以儒学为核心的汉文化的认同是金代经史书籍出版的根本动因,反之经史书籍的出版也巩固了金统治者的民族文化认同意识,对推进民族融合与文化传承发挥了积极作用。③

三是对辽金图书出版的对比研究开始有所涉猎。作为同一时期均由少数民族建立的辽金政权,在很多方面具有一定的相似之处,图书出版发展方面也概莫能外,由杨卫东、李西亚撰写的《辽朝与金朝图书出版发展的比较研究》一文即对上述问题进行了探讨。该文在图书出版发展的历史条

---

① 李西亚:《金代刻书地点考》,载《北方文物》,2010 年第 2 期,第 99—101、107 页。李西亚:《金代的图书编纂及其作用》,载《史学集刊》,2014 年第 3 期,第 72—78 页。

② 李西亚:《金朝图书流通与东北儒学传播》,载《齐鲁学刊》,2014 年第 3 期,第 43—46 页。

③ 李西亚、杨卫东:《金代经史书籍的出版与民族文化认同》,载《北方文物》,2017 年第 4 期,第 91—95 页。

件、出版管理与出版内容、图书出版种类等方面进行了较为全面的比较，其中的核心观点之一是：辽金统治者认同中原文化，实施了科举取士并积极发展文教事业等，这是辽金图书出版业发展的根本原因。[①] 既对辽金图书出版问题进行了对比研究，又从民族文化认同角度审视了辽金图书出版发展问题，凸显了该问题研究的理论价值和现实意义。

（四）未来辽金图书出版研究的展望

纵观当下学界对辽金图书出版的研究成果，未来研究至少需要着力于以下两个方面：

首先是需要深入探讨以下问题：一是如何重新认识辽金图书出版在中国古代图书出版史、中华民族文化发展史以及中华民族融合与形成过程中的历史地位问题；二是辽金两朝的图书出版在演进阶段特点、发展趋势及成就等方面，存在哪些共同性和差异性问题，其中的原因及可探寻的规律有哪些；三是如何认识民族文化认同在图书出版中的作用与影响等。

其次是辽金图书出版史料的整理问题。目前尚无专门针对辽金时期出版史料的整理成果。现有的古代出版史料辑也从未提及辽金。金代的成果只有薛瑞兆编著，中华书局 2014 年 10 月出版的《金代艺文叙录》，该书整理出金代书目近千种，侧重对与典籍相关的人物、事件和制度关系的考察，对于研究金代图书编辑成就有较大的参考价值，由于不是从出版的角度进行的著录，还不属于纯粹的出版史料的整理。因此，在辽金文献与留存下来的出版实物中，散布有许多出版方面的史料，尚需要从出版的角度进行专门的整理与编辑。

---

① 杨卫东、李西亚：《辽朝与金朝图书出版发展的比较研究》，载《北方文物》，2019 年第 2 期，第 92—96、101 页。

第一章 绪 论

三、辽金时期北方民族文化融合研究概况

民族的融合归根结底就是文化的融合,民族融合往往伴随着文化整合。辽金时期北方民族融合问题很早即得到学界的关注,研究成果也较为丰富,对此,王善军从民族迁徙、少数民族汉化、汉族少数民族化、民族间的其他交往与融合以及民族观念等方面对20世纪以来的相关研究成果进行了梳理,并予以了简要评论。① 改革开放四十年以来,国内对辽金时期北方民族融合问题研究不断涌现出新的认识与研究结论,姚远则从民族融合的途径、民族政策、不同民族的相互融合、民族观念等角度对前人的研究成果进行了系统梳理和深入探讨。②

(一) 关于民族文化融合的途径

在多数研究者看来,民族融合的途径之一是民族迁徙与杂居,如方铁在《南北方古代民族融合途径及融合方式之比较》一文中指出:

> 在北方草原地区,民族融合的途径大致有二:其一是在农业与游牧混合地带遣兵民镇守,使农业民族与游牧民族接触融合的界面逐渐北移;其二是封建王朝把北方游牧民族人口移入内地或塞内,其后果同样使民族融合的界面不断北移。③

---

① 王善军:《20世纪以来辽金民族融合问题研究综述》,见宁夏大学西夏学研究院:《西夏学(第六辑)——首届西夏学国际论坛专号》下,上海:世纪出版股份有限公司2010年版,第249—260页。
② 姚远:《近四十年来国内辽金民族融合问题研究综述》,见《辽金历史与考古》(第十二辑),北京:科学出版社2021年版,第311—325页。
③ 方铁:《方铁学术文选》,昆明:云南大学出版社2014年版,第211页。

所以上面提及的两篇综述性文章都有共同的认识，民族迁徙和杂居是民族融合的基本前提条件或重要前提，对于民族文化融合进程产生了重大影响，并对研究辽金两代民族迁徙的国内外学术成果进行了评述，这里不再赘述。需要补充的是，还有一些学者对具体融合途径做了深入分析与探讨，值得我们关注。龚贤就着重分析了游牧民族在古代历史进程中融合入汉民族大家庭的途径，具体来讲主要有生产实践途径、婚姻关系途径和权力推动途径三种，"体现了农耕文明在中华文化多元一体化历史进程中无法抗拒的认同感、凝聚力和向心力"。不过，笔者并不同意其所做出的民族融合的"永恒规律"，即"在游牧民族对农耕汉族征服的过程中，'汉化'成为民族关系发展的主流，所有作为征服者的游牧民族进入中原农耕区域后，最终无一例外地融合入汉民族"[①]。笔者认为，融合的作用是相互的，被游牧民族融入后的汉民族也已不是原来的"汉民族"，更确切的结论似乎应该是成为中华民族大家庭中的一分子，深刻诠释了中华民族的多元一体格局。

民族文化融合的途径之二是民族间的相互交往，而且在笔者看来，这也是民族融合的重要途径之一。中国是个统一的多民族国家，千百年来，各民族间的相互交往及文化交流十分密切，这是一个不争的事实。虽然有学者认为，民族间的文化交往即包括物质文化交往和精神文化交往是民族融合的表现，但笔者坚持认为包括文化交往在内的民族往来是民族融合不可或缺的途径。即如宁骚在谈到中华民族一体化进程时提出的：

> 民族整合过程的进展，在一国国内通常表现为相关的族类共同体地域上的互相穿插、混居与杂居，在文化上的互相肯定、渗透与吸收，在经济上互相依存程度的加深，在政治上对全国统一政权的认同与共同参与，从而导致共同利益的形成。与此同时，各族体仍保持着

[①] 龚贤：《中国文化导论》，北京：九州出版社2018年版，第60—62页。

第一章 绪 论

自己的特性,如自己的语言、文化、族体意识等。①

就交往的形式而言,物质文化即以经济交流为主要内容的交往形式较早为学界关注,而且研究成果较为丰富。② 与其相比,笔者却认为民族间精神文化的交往如政治制度、社会习俗、宗教信仰、语言文字以及文艺娱乐等内容,则是辽金时期北方民族融合进程中更为突出的方面。

> 在前工业社会中,游牧民族与农业民族的文化交流通常是物质文化因素首先渗入,然后是制度文化和精神文化因素或先或后相继渗入。在生产力水平大致相同的民族之间,文化交流常常是精神文化因素先行,并几乎成为文化交流的全部内容。③

这种情况虽然与辽金时期北方各民族文化交往的实际并不完全吻合,但精神文化交往在各民族融合过程中的作用为大多数学者所认同则是一个不争的事实。特别是以儒家文化为核心的理念和精神,成为各民族文化交往与民族融合的重要基础,"以儒家文化为核心的理念和精神是民族融合的基础,中原文化与'四夷'文化的交融,是实现民族融合的途径"④。

---

① 宁骚:《民族与国家》,北京:北京大学出版社1995年版,第48页。
② 代表性的成果主要有岑家梧:《辽代契丹和汉族及其他民族的经济文化联系》,载《中国民族》,1963年第12期,第25—32页;载《历史研究》,1981年第1期,第114—126页;《金代女真和汉族及其他民族的经济文化联系》,载《民族研究》,1979年第2期,第9—21页。程溯洛:《五代宋辽金时期新疆回鹘人民和祖国各地的经济联系》,载《中央民族学院学报》,1979年第3期,第19—27页等。
③ 李道中:《建设有中国特色社会主义的文化》,青岛:青岛出版社1993年版,第136页。
④ 马冀、杨笑寒:《昭君文化研究》,呼和浩特:内蒙古人民出版社2004年版,第114页。

民族文化融合的第三个主要途径则是民族间的相互同化，在辽金时期突出表现为北方少数民族汉化和汉族少数民族化或"胡化"两个方面。涉关北方少数民族汉化的研究成果集中于契丹和女真人的汉化问题，对渤海人、奚人等民族汉化也有所论述。其中，对于汉化开始的动因则着重于人的因素，首先是辽金历代统治者的大力提倡与推动，如任崇岳的《论辽代契丹族对汉族文化的吸收和继承》①、张国庆的《论辽兴宗吸收汉文化之得失》②、王德厚的《金世宗与女真人的"汉化"》③ 等。其次就是汉族士人的作用，如宋德金的《金代女真的汉化、封建化与汉族士人的历史作用》④ 等。汉化的表现内容则比较全面，如文教政策方面有高福顺的《尊孔崇儒　华夷同风——辽朝文教政策的确立及其特点》⑤ 等，礼俗方面有宋德金的《契丹汉化礼俗述略》⑥、张明华的《战争、战俘、文化碰撞——金国宫廷礼仪汉化趋势研究》⑦、程妮娜的《辽金时期渤海族习俗研

---

① 任崇岳：《论辽代契丹族对汉族文化的吸收和继承》，载《中州学刊》，1983年第3期，第95—99、88页。
② 张国庆：《论辽兴宗吸收汉文化之得失》，载《社会科学辑刊》，1988年第6期，第80—85页。
③ 王德厚：《金世宗与女真人的"汉化"》，载《黑龙江民族丛刊》，1991年第4期，第31—34页。
④ 宋德金：《金代女真的汉化、封建化与汉族士人的历史作用》，见中国社会科学院历史研究所宋辽金元史研究室编：《宋辽金史论丛》（第2辑），北京：中华书局1991年版。
⑤ 高福顺：《尊孔崇儒　华夷同风——辽朝文教政策的确立及其特点》，载《学习与探索》，2008年第5期，第224—228页。
⑥ 宋德金：《契丹汉化礼俗述略》，见中国社会科学院历史研究所宋辽金元研究室编：《辽金史论集》（第1辑），上海：上海古籍出版社1987年版，第129—140页。
⑦ 张明华：《战争、战俘、文化碰撞——金国宫廷生活方式及宫廷礼仪汉化趋势研究》，载《河南大学学报（社会科学版）》，2008年第4期，第125—130页。

第一章 绪 论

究》① 等。

（二）影响民族融合进程的主要因素

一般来讲，影响民族融合进程的因素还是比较复杂的。

> 影响民族融合进程的因素极为复杂，与当时的政治局势、少数民族自身的经济文化发展水平、少数民族或汉族统治者的政策是否开明，以及杂居区域的自然地理条件等都有密切的关系。②

有学者认为决定民族融合进程有两个关键要素，一个是能否形成共同的区域，二是文化因素，其中"文化因素的改变却要缓慢、复杂和艰难得多"。③ 笔者看来，在中国古代民族融合进程中主要的影响因素有民族政策、民族观念和重要人物，学界对辽金时期北方民族融合进程问题进行了研究。

1. 民族政策

辽金时期的民族政策对北方民族融合具有重要作用。对于辽代，学者们更为关注独具特色的"因俗而治"民族政策，不但在缓和阶级与民族矛盾、加速契丹封建化进程、促进辽朝社会经济发展与文化进步方面具有一定作用，在加快北方各民族融合方面也具有重要影响。④ 还有学

---

① 程妮娜：《辽金时期渤海族习俗研究》，载《学习与探索》，2001年第2期，第124—129页。

② 陈玉屏：《魏晋南北朝北方民族融合中的几个理论问题》，载《西南民族学院学报（哲学社会科学版）》，1993年第1期，第59—65页。

③ 牛贵琥、张建伟：《女真政权下的文学研究》，太原：三晋出版社2011年版，第373页。

④ 冉守祖：《略论辽朝"因俗而治"的民族政策》，载《史学月刊》，1993年第1期，第28—34页。

者从关注其他民族需求的视角分析了辽代"因俗而治"民族政策成功的真相，肯定了其在推动北方民族融合发展方面的重要作用，"虽然辽'因俗而异'的民族政策根本上是为了维护契丹统治阶级的根本利益，但是这一思想使得其维护了两百多年的多民族国家的统一、促进了各民族的共同发展"。① 关于金代民族政策的研究，虽然学者们都指出了其具有民族歧视的特点，但对于金民族政策的调整及其在民族融合方面的作用问题，还是给予了充分肯定。乔幼梅认为，随着社会形势的变化金朝民族政策也由残酷的压迫逐步转向民族融合，对于契丹、奚等族主要采取打击和同化并用政策，"对汉族则由压迫、打击、排斥，迅速转向主动学习、仿效、交流和融合政策"。② 祖岳则是从民族迁徙、民族同化及通婚三个方面，阐述了金代民族政策的实行为中国北方民族大融合奠定了重要基础。③

2. 民族观念

民族文化融合的过程必然伴随着民族观念的转变，民族观念的转变也一定会对民族融合进程产生重大影响。学界对辽金时期民族观念的研究重点关注正统观念和族际认同或民族认同两个方面，在笔者看来，族际认同对于这一时期民族融合的影响要更大一些。武玉环的《论契丹民族华夷同风的社会观》一文即提出，契丹民族建立政权后在历史观、社会观、民族观以及道德观等方面，均能体现出契丹族作为中华民族一分子的归属意识和思想认同，"从而缩短了各民族间的差距。各民族间在制度、文化等方面的相互学习与吸收，必然会加快民族大融合的步伐，为以后全国大统一

---

① 周国琴：《关注他民族需求——辽代"因俗而治"民族政策成功的真相》，载《贵州民族研究》，2015年第8期，第217—220页。

② 乔幼梅：《论女真统治者民族政策的演变》，载《文史哲》，2008年第2期，第93—103页。

③ 祖岳：《浅析金代的民族政策与民族融合》，载《黑龙江史志》，2018年第5期，第9—11、32页。

准备了条件"。① 麻玲的《金朝"夷可变华"及"华夷同风"的治边思想》一文也有相似认识，文章在探讨了金朝"夷可变华"及"华夷同风"的治边思想后也提出：

> 金朝自始至终都在不断吸纳着先进的中原汉文化，从而缩短了各民族间在文化和社会风貌上的差距，也体现出女真族作为中华民族大家庭一员的归属意识与思想上的认同感。各民族在政治制度、法律、文化和习俗等方面的相互学习与吸收，必然会加快民族大融合的步伐和进程。②

马瑞江《文化交融、变迁与多民族国家一体化的历史进程——辽宋夏金元时期士人人格与心态的变迁及历史作用》提出，"文化变迁促进了民族融合，新的观念与新的行为逐渐形成统一的多民族国家一体化历史进程的社会生活基础。"而新的社会文化环境也是由人来创造的，这些具备了新人格特征的典型人物对异族统治下的社会文化整合发挥了巨大作用，而恰恰是"在辽金元时期，许多参政、讲学的士人，代表了这一时期文化交融后特有的文化人格的整合"。③ 其对这一时期士人人格与心态变迁及其作用的分析，也体现了民族观念的转变对民族融合进程的推动作用。

3. 重要人物

众所周知，历史上不同时期出现的重要任务对民族融合的作用也是显

---

① 武玉环：《论契丹民族华夷同风的社会观》，载《史学集刊》，1998年第1期，第13—18页。
② 麻铃：《金朝"夷可变华"及"华夷同风"的治边思想》，载《社会科学战线》，2008年第11期，第266—268页。
③ 马瑞江：《文化交融、变迁与多民族国家一体化的历史进程——辽宋夏金元时期士人人格与心态的变迁及历史作用》，载《宁夏社会科学》，1997年第1期，第73—80页。

而易见的,"重要历史人物对民族融合的贡献,在历史上也不容忽视"。①辽金时期也不例外。雷家宏《辽太祖耶律阿保机对民族融合的贡献》就对辽太祖推动民族融合的作用予以充分肯定,认为他"一方面发展政治、经济、文化,加速契丹封建化进程,提高本民族的文明水平;另一方面团结各族劳动人民,共同开拓祖国北方边疆,为民族融合做出了卓越的贡献"。②李凤嫦、罗运胜《辽朝萧太后与北方民族融合关系探讨》分析了北方民族融合在辽朝萧太后时期呈现加速发展局面的原因,重点突出了萧太后的个人作用,萧太后"摄政期间实施了一系列壮大国家的举措,这些举措直接或间接地促进了北方民族融合的发展"。③金代帝王在北方民族融合过程中的作用也同样得到了研究者的重视。如海陵王完颜亮自觉性的汉化改革,加速了女真族的封建化进程,缩短了中原先进民族与落后民族之间的差距,对中华民族文明一体化的进程具有推动作用。④而黄飞《谈金女真与汉民族的融合》则重点指出了完颜亮迁都之举对民族融合的作用,"它促成了落后的女真文化与先进的汉文化的直接对接和交流,拉近了奴隶制的女真族同封建文明的距离,使女真族开始全面接受汉族固有的封建制度,从而加速了女真族封建化的历史进程,促进了女真族与汉民族的融合"⑤等。

综上所述,辽金时期北方民族融合问题一直是学界关注的热点问题之一,对于融合方式、途径及影响融合进程的因素做了较为全面的研究。但

---

① 冯新虹:《历史教育的魅力》,西安:西安出版社2012年版,第227页。
② 雷家宏:《辽太祖耶律阿保机对民族融合的贡献》,载《华中师范大学学报(哲学社会科学版)》,1989年第5期,第86—91页。
③ 李凤嫦、罗运胜:《辽朝萧太后与北方民族融合关系探讨》,载《今古文创》,2022年第4期,第69—71页。
④ 张劲松:《评完颜亮的汉化改革》,载《内蒙古民族师院学报(哲学社会科学汉文版)》,1996年第4期,第1—6、20页。
⑤ 黄飞:《谈金女真与汉民族的融合》,载《兰台世界》,2015年第15期,第100—101页。

第一章 绪 论

笔者发现,在北方各民族交流过程中,除了政治、经济方面即物质文化交流外,精神文化层面的交流,特别是民族心理与民族观念的变化则是影响民族融合进程的关键因素,"除物质文化之外,杂居区的制度文化、精神文化氛围是影响民族融合进程的极为重要的因素"。① 而在精神文化氛围形成过程中,作为承载各民族文化重要载体图书典籍的作用,则没有得到充分的认识和深入的研究。

---

① 陈玉屏:《秦汉以来中国南、北方民族融合进程的特点》,载《西南民族学院学报(哲学社会科学版)》,1998年第6期,第41—44、147—148页。

第二章 文化认同与辽金时期图书出版的发展

辽和金分别是由契丹和女真民族建立的少数民族政权,契丹和女真民族社会的发展历史,自始至终伴随着两个民族对以汉族文化为代表的中原文化的认同。

与此同时,不同的民族之间只要接触多了,必定有文化融合的结果。文化融合得越多,文化认同与国家认同重叠部分就会越大。其他少数民族对统一国家的认同也非常强,这主要是文化融合与文化认同的结果,这对保持边疆的稳定起了很好的作用。①

文化认同与辽金时期图书出版的发展是密不可分的。

一、文化认同是辽金时期图书出版发展的逻辑前提

作为我国北方少数民族建立的辽金政权,在其凭借强大的军事力量不

---

① 韩震:《论国家认同、民族认同及文化认同——一种基于历史哲学的分析与思考》,载《北京师范大学学报(社会科学版)》,2010年第1期,第106—113页。

断进扰中原地区,并与中原各政权保持着时战时和的密切联系中,辽金统治者对中原先进文化的态度经历了从最初的倾慕推崇到后期的主动效仿与系统吸纳的演进过程,表现之一即是对中原典籍的搜集。辽时"太宗入汴,取晋图书、礼器而北"①,将搜集到的图籍以及图书出版相关的雕刻工人一并运送到上京,"晋诸司僚吏、嫔御、宦寺、方技、百工、图籍、历象、石经、铜人、明堂刻漏、太常乐谱、诸宫县、卤簿、法物及铠仗,悉送上京"②。金很早即确定了在战事中"征索图书"③的策略,发动对辽全面征战时金太祖就发布诏令:"若克中京,所得礼乐仪仗图书文籍,并先次津发赴阙。"④拟将辽皇室所藏图书典籍收罗殆尽。攻入北宋都城汴京后,也仿照"萧何入关,秋毫无犯,惟收图籍"以及"辽太宗入汴,载路车、法服、石经以归"⑤的做法,将北宋皇室的物品尤其是各类儒学经书搜求一空,"以宋二主及其宗族四百七十余人及珪璋、宝印、衮冕、车辂、祭器、大乐、灵台、图书,与大军北还"。⑥通过这些图书典籍,辽金统治者对中原文化了解得愈加深入,不断加深了对汉民族文化的认同感,主要表现在以下几个方面:

(一)将儒学思想确立为治国理念

辽政权建立伊始,辽太祖即征求群臣建议,讨论确定治国的指导思想。

---

① 〔元〕脱脱等:《辽史》,卷103,列传33《文学上》,北京:中华书局2016年版,第1593页。

② 〔元〕脱脱等:《辽史》,卷4,本纪4《太宗下》,北京:中华书局2016年版,第60页。

③ 〔金〕刘祁:《归潜志》,卷12,北京:中华书局1983年版,第135页。

④ 〔元〕脱脱等:《金史》,卷2,本纪2《太祖》,北京:中华书局1975年版,第36页。

⑤ 〔元〕脱脱等:《金史》,卷78,列传16《刘彦宗》,北京:中华书局1975年版,第1770页。

⑥ 〔元〕脱脱等:《金史》,卷74,列传12《宗翰》,北京:中华书局1975年版,第1697页。

时太祖问侍臣曰:"受命之君,当事天敬神。有大功德者,朕欲祀之。何先?"皆以佛对。太祖曰:"佛非中国教。"倍曰:"孔子大圣,万世所尊,宜先。"太祖大悦,即建孔子庙,诏皇太子春秋释奠。①

神册三年(918)五月,"诏建孔子庙、佛寺、道观",② 神册四年(919),"秋八月丁酉,谒孔子庙,命皇后、皇太子分谒寺观"。③ 正如有研究者指出,"帝王亲祭显示出辽朝君主对于孔子的尊崇,相对于佛道两家,先后尊卑有别,对孔子及其所代表的儒家文化极尽认同。"④ "以后,继立的景宗、圣宗、兴宗、道宗等诸帝,由于都是在儒家文化的熏陶下成长起来的,所以他们继续推行太祖、太宗时期确定的文教政策,并坚定不移地以儒家思想作为治国安邦的主导思想。"⑤ 所以,清人魏源评价说:

辽起塞外,宜乎不识汉文,而首立孔子庙,太祖即亲祭孔子。太宗及东丹王兄弟皆工绘事,勒石能铭,登高能赋,师旅能誓,其材艺有足称者。每科放进士榜百余人,故国多文学之士。其史、纪、表、志、传皆详明正大,虽在元代前,而远出元代之上。⑥

---

① 〔元〕脱脱等:《辽史》,卷72,列传2《宗室》,北京:中华书局2016年版,第1333页。

② 〔元〕脱脱等:《辽史》,卷1,本纪1《太祖上》,北京:中华书局2016年版,第13页。

③ 〔元〕脱脱等:《辽史》,卷2,本纪2《太祖下》,北京:中华书局2016年版,第17页。

④ 杨棋麟:《辽夏金尊孔活动研究》,宁夏大学硕士论文,2022年。

⑤ 高福顺:《辽朝文教政策之影响》,载《史学月刊》,2007年第11期,第125—128页。

⑥ 〔清〕魏源:《魏源全集》,载《湖湘文库(甲编)6》,长沙:岳麓书社2011年版,第192页。

第二章 文化认同与辽金时期图书出版的发展

金初对汉文化认同的直接体现即为修建孔庙祭祀孔子,倡导尊孔崇儒之风。金宋战争之时,中原地区物质与文化在战乱中遭受严重破坏,"庐舍为之灰烬,原野厌乎流血,沟壑填于残骸"①。作为中原传统文化标志的孔庙也未能幸免,有的"毒于兵火,煨烬之余,仅存讲堂"②,有的"兵火之余,踪迹荡尽"③"悉为将兵毁折"④。但女真上层统治者了解到孔子的地位之后,立刻显现出对圣人的崇敬之情。如宗翰伐宋,当军队到达曲阜时,正值有士兵欲发孔子墓,宗翰听说这件事后,问高庆裔说:"孔子何人?"高庆裔说:"古之大圣人。"宗翰曰:"'大圣人墓岂可发邪!'皆杀之。故阙里得全。"⑤ 天会七年(1129)金兵入山东衮州,睿宗(宗尧)为都儿帅,告诫军士,"以夫子所生之地,不得剽夺"。⑥ 并命曲阜知县衡雄与县吏等引诣宣圣庙,见庙庭已为战火烧为灰烬,而殿火犹未息。宗尧乃登杏坛,奠拜后,到孔子的陵园,发现有军人发掘二代泗水侯墓和宋刑部侍郎墓,宗尧又将这些伐墓之人捆绑了去奠拜孔子陵墓。后在距庙南十余里外将伐墓者处决。从宗尧此举可见其对孔子的崇敬之心,而对破坏者的严厉处置为金尊崇儒思想的确立奠定了舆论基础。随着汉文化认同意识的不断深化,到金熙宗时尊孔被作为一项制度确立下来。天会十五年

---

① 〔宋〕李心传:《建炎以来系年要录》,卷37,北京:中华书局1985年版,第704页。

② 〔清〕张金吾:《金文最》,卷22《曲沃县建庙学记》,北京:中华书局1990年版,第301页。

③ 〔清〕张金吾:《金文最》,卷66《万全县重修宣圣庙碑》,北京:中华书局1990年版,第958页。

④ 〔清〕张金吾:《金文最》,卷65《创建文庙学校碑》,北京:中华书局1990年版,第934页。

⑤ 〔宋〕宇文懋昭:《大金国志校证》,卷18《世宗皇帝下》,北京:中华书局2016年版,第248页。

⑥ 〔金〕孔元措:《孔氏祖庭广记》,北京:商务印书馆1936年版,第29页。

(1137)金熙宗"兴制度礼乐,立孔子庙于上京",① 从制度上确立了儒学的地位,体现了金政权对汉文化积极主动吸纳的态度。这种认同的制度化还表现在对孔子后裔的册封上,天眷三年(1140)"以孔子四十九代孙璠袭封衍圣公"②。世宗于大定三年(1163)七月"以孔总为袭封衍圣公"③,大定二十三年(1183)"以尚书右丞张汝弼摄太尉,致祭于至圣文宣王庙"④。金对孔子后裔的隆崇,对儒学的重视,甚至超越了中原历代王朝,孔元措评价说:"皇朝重道之宏规,前此所未见闻也。"⑤

众所周知,汉族的儒家文化在中华文化中具有重要的地位,辽金统治者将儒学思想确立为治国理政的指导思想,正是对汉民族文化认同的直接体现。

> 历史上边疆少数民族建立政权之后都普遍学习儒家文化,并且在实践中不断丰富儒家文化的内涵,因此,儒家文化已经不仅仅是某一个民族的文化,而是中华民族共同体共享的文化,从这个意义上讲,对儒家文化的认同也就是对中华文化的认同。⑥

这对于辽金社会政治体制、文化教育等方面的发展将产生极为重要的

---

① 〔元〕脱脱等:《金史》,卷105,列传43《孔璠传》,北京:中华书局1975年版,第2311页。
② 〔元〕脱脱等:《金史》,卷4,本纪4《熙宗》,北京:中华书局1975年版,第76页。
③ 〔元〕脱脱等:《金史》,卷6,本纪6《世宗上》,北京:中华书局1975年版,第132页。
④ 〔元〕脱脱等:《金史》,卷8本纪8《世宗下》,北京:中华书局1975年版,第183页。
⑤ 〔清〕张金吾:《金文最》,卷41《孔氏祖庭广记序》,北京:中华书局1990年版,第595页。
⑥ 王文光、江也川:《辽夏金的中华文化认同与中华民族共同体建设》,载《烟台大学学报(哲学社会科学版)》,2020年第4期,第82—90页。

影响。

正是由于金朝统治者对"孝"文化的认同和大力倡导，才能引领治下民众对"孝"文化产生共鸣。在这里，儒家思想已成为金统治者的思想基础，并渗透到社会生活的各个方面。[1]

金朝在法律制度上急切地以礼入法，史籍中有关杖刑和笞刑的记载既反映了女真族对儒家刑罚从轻"仁"的思想，"以民为本"的治国主张，"贵贱有序"和"重视教化"等观念的认同。[2]

因此，将儒学思想确立为治国理念对辽金时期图书出版业具有一定影响也是情理之中的事。

（二）对中原典章制度的承袭与创新

20 世纪六七十年代最负盛名的西方马克思主义思想家之一阿尔都塞在分析国家政权与国家机器之间的关系时曾指出："政权的覆灭或更替并不意味着所有国家机器都要发生完全的变革，掌握政权的阶级或阶级联盟有可能利用原有国家机器的功用来达到自己的阶级目的。"[3] 具体到辽金政权的建立和社会管理体制的完善，就是对中原宋王朝及其之前国家政权的学习与借鉴、继承与创新。

辽朝在政治建制上仿照中原王朝制度，有北院、南院两套官僚机构：

南院下设南宰相府，有左右宰相等官，官制大抵沿袭唐制兼采宋

---

[1] 李玉君、何博：《从金朝法制伦理化构建看儒家文化的向心力》，载《江汉论坛》，2016 年第 3 期，第 113—116 页。

[2] 李玉君、何博：《从金朝杖刑看女真族对中原文化的认同》，载《北方文物》，2013 年第 3 期，第 74—78 页。

[3] 汪民安：《文化研究关键词》，南京：江苏人民出版社 2019 年版，第 507 页。

> 制，有三省、六部台、寺、院、监等，地方官有节度使、观察、防御、团练、统军、刺史等。①
>
> 凡辽朝官，北枢密视兵部，南枢密视吏部，北、南二王视户部，夷离毕视刑部，宣徽视工部，敌烈麻都视礼部，北、南府宰相总之。辽朝中央官制俨然唐制"翻版"。②

同时在中原传统礼制文化的影响下，辽政权逐步完善了制度建设，构建了辽朝国家的礼治秩序，"这样的改变体现了辽政权从制度建设到社会治理等方面对中原传统文化的认同，北方地区的辽代社会文化与中原文化交流互鉴，呈现出了同质化的发展趋势"。③ 金朝也与辽相似，并对宋、辽都有继承。

> 金朝开国之初，太祖重于戎事，因时制宜，未遑班爵，"凡军事违者，阅实其罪，从宜处之。其余事无大小，一依本朝旧制"。太宗时设置尚书省，"遂有三省之制"，汉官之法，初具规模。至熙宗"天眷官制"改革时，"大率皆循辽、宋之旧"，建立起较为完备的中央集权体制。④

需要说明的是，辽金政权对中原地区典章制度的继承，是文化认同的具体表现，同时结合本民族特点构建起新的统治框架，并不是对原有体制

---

① 魏淑霞：《辽、西夏、金民族政权的汉化探讨》，载《西夏研究》，2015年第4期，第46—56页。

② 高福顺：《辽宋夏金时期内聚性不断增强》，载《历史评论》，2021年第3期，第23—29页。

③ 李月新：《礼治秩序下的辽代社会风尚变迁》，载《赤峰学院学报（汉文哲学社会科学版）》，2022年第8期，第1—5页。

④ 高福顺：《辽宋夏金时期内聚性不断增强》，载《历史评论》，2021年第3期，第23—29页。

第二章　文化认同与辽金时期图书出版的发展

的否定或不认同,而是基于原有认同基础上的全新认同。即如有学者指出的那样:

> 人类文化认同的构建是一种渐进过程,其实,伴随着人类文化的发展与变迁,人类各民族的文化构建从来就没有停止过,只不过其中有着自觉的、不自觉的、被强制的等各种情况。新的认同的构建不是对既有认同的彻底否定而构筑起一种全新的认同。①

(三) 对汉族士人的选用与重视

为了快速稳定统治秩序,辽金统治者均认识到了汉族士人的重要作用,并竭尽所能吸纳他们进入政权。辽太祖"用汉人教以隶书之半增损之,制契丹字数千,以代刻木之约"。②"为了招揽统治人才,辽太宗继续推行太祖时期大量任用汉族文人儒士的政策,提拔了一大批汉族士人从事礼仪文教工作,借以保证'以汉制待汉人'的既定国策。"③天显十一年(936)十一月,后唐将领赵德钧、赵延寿父子对辽作战失败投降契丹,这是一支拥有较大实力的汉人军事集团,投辽后驻扎在细河。十二月,太宗"阅降将赵德钧父子兵马"④,赵延寿得契丹统治者重用,最终官拜大丞相。有学者评价汉族地主在辽代的重要地位:

> 辽代有"耶律、肖、韩三姓姿横"的说法,不仅显示了以韩氏家

---

① 马曼丽等:《中国西北跨国民族文化变异研究》,北京:民族出版社2009年版,第62页。
② 徐永明、杨光辉整理:《陶宗仪集》,杭州:浙江人民出版社2005年版,第603页。
③ 高福顺:《尊孔崇儒　华夷同风——辽朝文教政策的确立及其特点》,载《学习与探索》,2008年第5期,第224—228页。
④〔元〕脱脱等:《辽史》,卷3,本纪3《太宗上》,北京:中华书局2016年版,第42页。

族为代表的汉族地主阶级的特殊地位，同时也说明了作为一方政治势力的代表，汉族地主阶级知识分子是契丹统治营垒中不可缺少的重要成员。①

金建立之初，也极力招募有才之士，天辅二年（1118），阿骨打又发布诏书："国书诏令，宜选善属文者为之，其令所在访求博学宏才之士，敦遣赴阙。"② 天辅六年（1122）十一月，阿骨打"诏谕燕京官民，王师所至，降者赦其罪，官皆仍旧"。③ 金建立之初，特别注重任用汉族士人，发挥汉人官僚的文化优势。如辽朝旧臣杨朴、左企弓、韩企先等，"初，太祖定燕京，始用汉官宰相赏左企弓等。十二年，以企先为尚书右丞相，召至上京"。④ 因此，元人修《金史》从文化比较的角度，着力论述了这一点：

> 金初未有文字。世祖以来健全条教。太祖即兴，得辽旧人用之，使介往复，其言已文。太宗继统，乃行选举之法，及伐宋，取汴经籍图，宋士多归之。熙宗款谒先圣，北面如弟子礼。世宗、章宗之世，儒风丕变，庠序日盛，士繇科第位至宰辅者接踵。当时，儒者虽无专门一家之学，然而朝廷典策、邻国书命，粲然有可观者矣。金用武得国，无以异于辽，而一代制作能自树立唐、宋之间，有非辽世所及，

---

① 王成国：《略论辽朝统治下的汉人》，载《社会科学辑刊》，1997年第5期，第96—99页。
② 〔元〕脱脱等：《金史》，卷2，本纪2《太祖》，北京：中华书局1975年版，第32页。
③ 〔元〕脱脱等：《金史》，卷2，本纪2《太祖》，北京：中华书局1975年版，第39页。
④ 〔元〕脱脱等：《金史》，卷78，列传16《韩企先》，北京：中华书局1975年版，第1777页。

第二章　文化认同与辽金时期图书出版的发展

以文而不以武也。①

对于汉族士人的重用不仅对传承文化发挥重要作用，也为辽金图书出版发展提供了助力，"至于图籍，南来士大夫家家有之"② 即是一个显著的体现。

二、文化认同决定辽金时期图书出版的方向与内容

从一定意义上来看，文化认同"指的是以有意识的具体的特定文化构型为基础的社会认同。历史、语言和种族对文化认同来说，都是可能的基础，并且它们都是被社会性地建构的现实"。③ 如前面所谈到，辽金时期的文化认同在具体实践中又表现为对汉等其他民族文化的认同、对本民族文化的认同、被他族政权认同以及互相认同等，正是因为文化认同的这些层面对辽金时期图书出版方向与内容产生了深远影响。

（一）对中原汉民族文化的认同

辽金的统治者对中原汉文化的认同，是其文化抉择的重要前提，也是推动辽金时期图书出版发展的根本原因。儒学是中原文化的主要代表和核心内容，占据着绝对的优势地位。"与其他国家和民族形成鲜明对照的是：非宗教的具有浓厚理性主义和人文精神的儒家文化占据着统治地位。"④ 辽

---

① 〔元〕脱脱等：《金史》，卷125，列传63《文艺上》，北京：中华书局1975年版，第2713页。
② 〔元〕脱脱等：《金史》，卷79，列传17《宇文虚中》，北京：中华书局1975年版，第1792页。
③ 〔美〕乔纳森·弗里德曼：《文化认同与全球性过程》，郭建如译，北京：商务印书馆2004年版，第356页。
④ 张岱年、程宜山：《中国文化与文化论争》，北京：中国人民大学出版社1990年版，第234页。

金在学习中原文化的过程中很快意识到这一事实,因此承载着儒学内涵的各种图书典籍就成为重点关注的对象,也决定了辽金图书出版中儒学典籍的重要地位。

> 由于契丹皇族坚持不懈地研读儒家经史,并以儒家思想作为治国安邦的理论基础,使得研读儒家经史成为契丹社会生活的时尚,不但包括《五经》及其传疏在内的儒家经典在契丹社会得到广泛传播,就是宋朝政治家、文学家的奏疏诗赋也在契丹社会得到大量翻刻,广泛流传。[①]

金代儒学典籍的出版与辽相比更具有典型特征,具体来讲体现在以下几个方面。

一是金朝建立政权之初即仿照唐宋之制,在中央与地方设置官私学校以培养人才。但无论中央与地方、官学与私学,使用的课本主要是儒家经典。五经注疏由官方统一颁行于学校,作为官方标准教材。另外,童蒙教育作为基础教育,也极为重视儒家思想的传授,中原王朝童蒙学校中通用的《三字经》《百家姓》《千字文》《论语》《孝经》和《蒙求》等均是金朝蒙学教育的课本。

二是儒学典籍是官刻、私刻和民间坊刻的主要刻印品种。见于史料记载的金代官方刻书机构主要有国子监、弘文院、秘书监、史馆等,其他如尚书省、南京路转运司也曾刻印过少量典籍。但总的来看,金代国子监仍是官方刻书的核心机构,刻印发行经史书籍,颁发于官学。

> 凡《经》,《易》则用王弼、韩康伯注,《书》用孔安国注,《诗》

[①] 高福顺:《契丹皇族儒家经史教育考论》,载《中国边疆史地研究》,2013年第3期,第93—102、149页。

第二章 文化认同与辽金时期图书出版的发展

用毛苌注、郑玄笺,《春秋左氏传》用杜预注,《礼记》用孔颖达疏……皆自国子监印之,授诸学校。①

金代与官刻对应的是民间坊刻,儒学经典同样是其主要的刻印品种。元人王恽记载,河北宁晋荆氏书坊的主人荆祜祖上以制陶为业,后来改革书坊刻书,就曾刻印过《五经》等儒学典籍:"世陶洨滨,逮祖及祢以改业是图,曰:'与其供器用于一乡,何如以普及人为优。'于是板行《五经》等书。"②

三是编撰经部书籍并注释儒学经典蔚然成风。金代长期以来所奉行的尊孔崇儒政策,确定了金代士人学术研究的基本走向,涌现出赵秉文、王若虚等比较有代表性的经学家,他们所编撰的各类儒学典籍对当时乃至后世产生了重要影响。如赵秉文"自幼至老未尝一日废书",对道家等各家思想文化均有所涉猎,但用力最多的仍是儒家经典。

《易业说》十卷,《中庸说》一卷,《扬子发微》一卷,《太玄笺赞》六卷,《文中子类说》一卷,《南华略释》一卷,《列子补注》一卷,删集《论语》《孟子解》各一十卷。③

再如经学大师王若虚著有《滹南遗老集》四十五卷,其中《五经辨惑》二卷、《论语辨惑》五卷、《孟子辨惑》一卷,对儒学经典进行了诸多质疑、考证与阐释,成为有金一代经学研究的集大成者。

四是奉行以儒治国理念的史书备受推崇。为从历代君王治国教训中汲

---

① 〔元〕脱脱等:《金史》,卷51,志32《选举一》,北京:中华书局1975年版,第1131—1132页。
② 黄成助:《宁晋县志》,台北:成文出版社1969年版,第1135页。
③ 〔元〕脱脱等:《金史》,卷110,列传48《韩玉》,北京:中华书局1975年版,第2428页。

取经验,金代统治者非常重视史书的经世作用。金熙宗读"《五代》《辽史》诸书,或以夜继焉",① 金世宗在阅读《资治通鉴》后即给予了该书和司马光以充分肯定,"近览《资治通鉴》编次累代废兴,甚有鉴戒。司马光用心如此,古之良史无以加也。"② 因而不断要求编撰和翻译史书。即使到了金朝末期,哀宗还于正大二年(1225)下诏让"赵秉文、杨云翼作《龟鉴万年录》"。③

(二)对本民族文化的认同

学习与吸纳中原文化而渐次汉化是辽金政权的共有特性,但这不等于对本民族文化传统的完全摒弃,部分辽金统治者对本民族文化传统还是情有独钟的。金世宗就曾感慨道:

> 朕时尝见女直风俗,迄今不忘。今之燕饮音乐,皆习汉风,盖以备礼也,非朕心所好。东宫不知女真风俗,第以朕故,犹尚存之。恐异时一变此风,非长久之计。甚欲一至会宁,使子孙得见旧俗",④ 因此开始大力提倡女真的传统文化并亲自示范。"上曰:'吾来数月,未有一人歌本曲者,吾为汝等歌之。'命宗室子弟叙坐殿下者皆坐殿上,听上自歌。"⑤

---

① 〔元〕脱脱等:《金史》,卷4,本纪4《熙宗》,北京:中华书局1975年版,第77页。
② 〔元〕脱脱等:《金史》,卷7,本纪7《世宗中》,北京:中华书局1975年版,第175页。
③ 〔元〕脱脱等:《金史》,卷17,本纪17《哀宗上》,北京:中华书局1975年版,第377页。
④ 〔元〕脱脱等:《金史》,卷7,本纪7《世宗中》,北京:中华书局1975年版,第158—159页。
⑤ 〔元〕脱脱等:《金史》,卷8,本纪《世宗下》,北京:中华书局1975年版,第189页。

第二章 文化认同与辽金时期图书出版的发展

《金史》明确记载着世宗对群臣的告诫：

> 朕思先朝所行之事，未尝暂忘，故时听此词，亦欲令汝辈知之。汝辈自幼惟习汉人风俗，不知女直纯实之风，至于文字语言，或不通晓，是忘本也。汝辈当体朕意，至于子孙，亦当遵朕教诫也。①

从实际情况来看，辽金对本民族文化的认同主要体现为三个层次：一是尊重本民族的文化传统，二是积极发展本民族文化，三是努力保存本民族文化，从而对辽金时期图书出版的发展产生了一定影响。

第一，尊重本民族文化传统与宗教典籍的出版。由于契丹民族信仰佛教，辽代图书出版中最引人注目的是佛经的刊刻。据《辽史》《契丹国志》等文献的记载，辽代编纂的图书种类也较为丰富，凡经学、史学、诗文、佛经等不一而足。加之比较发达的官刻、私刻系统，大多数图书得以刊刻流通。但纵观辽代图书出版的概况，辽朝对雕印佛经投入的精力最多，成果也最为丰富。辽圣宗、兴宗时，即由朝廷"出御府钱"在涿州白带山云居寺组织刻经，自太平七年至清宁三年镌刻《大般若经》八十卷，《大宝积经》一百二十卷，"以成四大部数也，都揔合经碑二千七百三十条。"②而在佛经的刊刻中，又以《辽藏》即《大藏经》的刊刻最为突出。辽朝历史上中央政府曾两次大规模雕印《大藏经》，留存了《辽藏》的大致内容和体系，在保留佛教文献方面具有不可磨灭的功绩。

在金代，因金统治者对儒释道三教的认同及采取三教并用的政策，必然促进儒家与佛道等宗教典籍的出版。金代雕印了汉文大藏经，称为《赵城金藏》，该藏的雕印开始于皇统九年（1149），完成于大定十八年

---

① 〔元〕脱脱等：《金史》，卷7，本纪7《世宗中》，北京：中华书局1975年版，第159页。
② 〔清〕王昶：《金石萃编》，卷153，北京：中国书店1985年版，第598页。

(1178），这部金代大藏经以宋《开宝藏》为底本，共有 7000 余卷，是有金一代规模最大的一次佛经刊刻，因 1933 年发现于赵城广胜寺而得名。金代常见的单行本刻经主要有《大般若经》《大方广佛华严经》《妙法莲华经》《佛说生天经》《高王观世间经》《南华真经》等，这些单行本经书尚有原刻本存世。在金代文献已经散佚无几的情况下，这些单行木刻经书的存在，可以推测其在当时刻印的数量相当可观。刻印大量佛经的事实，还可以从下面这则史事得到印证。金章宗是金朝汉化程度最高的皇帝，对佛教的崇信程度更高。他的儿子洪辉生下来不久得了"急风"病，痊愈后，章宗令印《无量寿经》一万卷报谢，"甲申，疾愈，印《无量寿经》一万卷报谢"。① 金代刻印佛经之多，由此可以窥见一斑。另外，金代皇族和女真贵族对道教的崇奉也促进了道教典籍的出版。世宗对道教极为崇尚，并热衷于搜集和整理道书。当时，北宋所刻《政和万寿道藏》经版因战争而残缺不全，世宗诏以南京（今河南开封）道藏经版付中部十方大天长观。金代官方主持刻印了一部道藏，与金朝官方并未刻印过佛经相对比，可见金廷对于全真教的重视程度之高。明昌元年（1190），章宗命天长观提点冲和大师孙明道主持搜访天下道教遗经，募工雕版，据《政和万寿道藏》经版补板，最后勒成一藏，名为《大金玄都宝藏》，共 6455 卷。泰和七年（1207），章宗元妃印施此道经二藏，一送栖霞太虚观收藏，一送圣水玉虚观收藏。

第二，积极发展本民族文化与汉文典籍的翻译工作。"文化认同是一个极其错综复杂的历史过程，既是在吸收中排拒，又是在排拒中吸收。""不过，总体上看，女真人发展民族文化又是建立在认同汉文化的基础之上。"② 为进一步从中原历史文化中汲取治国经验与教训，扩大儒家思想传

---

① 〔元〕脱脱等：《金史》，卷 93，列传 31《章宗诸子》，北京：中华书局 1975 年版，第 2059 页。
② 魏国忠主编：《肃慎——女真族系研究》，哈尔滨：黑龙江人民出版社 2013 年版，第 220 页。

第二章 文化认同与辽金时期图书出版的发展

播的范围,辽朝统治者还组织人员以契丹文来翻译汉文典籍。如辽兴宗重熙年间即"诏译诸书",契丹族史家萧韩家奴为了让辽帝"知古今成败",率先释疑了《通历》《贞观政要》《五代史》。为了让辽人懂礼仪、明法度,辽兴宗还责成萧韩家奴等人参酌儒学典籍编撰礼典,"古之治天下者,明礼义,正法度。我朝之兴,世有明德,虽中外向化,然礼书未作,无以示后世。卿可与庶成酌古准今,制为礼典"。①《论语》是儒家的经典著述之一,也是辽代学校教育的基本课本和科举考试的必备书目,备受推崇。其中蕃汉教授斡道冲对该书进行翻译,并在社会上出版发行。"译《论语》注别作解义二十卷,曰《论语小义》以其国字书之,行于国中,至今存焉。"② 在金代,以女真文编译汉文经史书籍还受到朝廷的高度重视。金朝皇帝不但下诏设专门译书机构译经所和弘文院,"置经书所",③ 且明确下诏编译汉文经史典籍,"以女直字译书籍",④ "朕所以令译五经者,正欲女直人知仁义道德所在耳"。⑤ 因此,儒学主要经典及《唐史》《史记》等一些重要史书在金代均被译出,"《五经》中《书》《易》《春秋》已译之矣,俟译《诗》《礼》毕,试之可也",⑥ 翻译的女真文经史在女真族人才的培养方面发挥了一定的积极作用,"不以女真文字译经史,何以知此。

---

① 〔元〕脱脱等:《辽史》,卷103,列传33《文学上》,北京:中华书局2016年版,第1598页。
② 黄任恒:《补辽史艺文志》,见杨家骆:《中国目录学名著第三集(第五册)》,上海:世界书局1976年版,第39页。
③ 姚奠中主编,李正民增订:《元好问全集》(增订本),卷27《尚书右丞耶律公神道碑》,太原:山西古籍出版社2004年版,第584页。
④ 〔元〕脱脱等:《金史》,卷99,列传37《徒单镒传》,北京:中华书局1975年版,第2185页。
⑤ 〔元〕脱脱等:《金史》,卷8,本纪8《世宗下》,北京:中华书局1975年版,第185页。
⑥ 〔元〕脱脱等:《金史》,卷51,志32《选举一》,北京:中华书局1975年版,第1142页。

主上立女直科举，教以经史，乃能得其渊奥如此哉"。① 而为了让更多的女真族人从史书中获取给养，统治者还几次下诏用女真语言对汉文史书进行翻译。金世宗"（大定）五年，翰林侍讲学士徒单子温进所译《贞观政要》《白氏策林》等书，六年，得进《史记》《西汉书》诏颁行之"。② 大定十五年（1175），译经所又按诏进译《新唐书》。为挽留重臣徒单克宁，金章宗时还"诏译《诸葛孔明传》赐之"③，希望用诸葛亮鞠躬尽瘁、死而后已的历史典故来激励他。

第三，努力保存本民族文化与促进史籍出版。辽金统治者都很重视本民族历史的建构，虽然其目的是统治者为其政权服务，但也是保存本民族文化的一种主要途径。辽朝建立政权之初即已设立"监修国史"作为统领史馆的史职，如太祖时耶律不古即担任监修国史一职。④ 金熙宗完颜亶即位后，于天会十五年（1137）命韩昉、耶律绍文等编修国史，⑤ 并于天眷元年（1138）建立国史院，设置"监修国史，掌监修国史事"。⑥ 早在会同四年（941）二月，辽太宗就曾诏有司编《始祖奇首可汗事迹》，⑦ 着手编纂契丹先祖的历史事迹。虽然由于种种原因，辽朝传世的文献典籍很

---

① 〔元〕脱脱等：《金史》，卷98，列传36《完颜匡》，北京：中华书局1975年版，第2164页。
② 〔元〕脱脱等：《金史》，卷99，列传《徒单镒》，北京：中华书局1975年版，第2185页。
③ 〔元〕脱脱等：《金史》，卷92，列传30《徒单克宁》，北京：中华书局1975年版，第2051页。
④ 〔元〕脱脱等：《辽史》，卷76，列传6《耶律鲁不古传》，北京：中华书局2016年版，第1246页。
⑤ 〔元〕脱脱等：《金史》，卷4，本纪4《熙宗》，北京：中华书局1975年版，第72页。
⑥ 〔元〕脱脱等：《金史》，卷55，志36《百官一》，北京：中华书局1975年版，第1245页。
⑦ 〔元〕脱脱等：《辽史》，卷4，本纪4《太宗下》，北京：中华书局1974年版，第49页。

第二章 文化认同与辽金时期图书出版的发展

少,史学方面的更是少之又少,但从成立的修史机构等方面来看,在景宗、圣宗统治时期,史书编修工作达到鼎盛阶段,其编纂规模与质量均显著超越前代,也取得了较为显著的成就,有学者就评价说"则辽自太祖至道宗,一代史迹备矣"①。因而评价辽代史学的意义"已经超出契丹族的历史范畴,因为它改变了北方民族的历史文化传统,为我国史学增添了新的内容"②,也并非全是溢美之词。

金初,女真贵族中的有识之士即开始注意搜集和保存女真族早期的史料,如天辅三年(1119)当"祖宗族属时事并能默记"的阿离合懑卧病时,"宗翰日往问之,尽得祖宗旧俗法度"③。所以史称"宗翰好访问女直老人,多得祖宗遗事"④。天会六年(1128)金太宗完颜晟又下诏访求祖宗遗事,命令完颜勖和耶律越负责此事,"诏书求访祖宗遗事,以备国史,命勖与耶迪越掌之"⑤。完颜勖等采摭遗言旧事,汇集了始祖以下十帝的事迹为三卷,"对女真早期历史做了初步的梳理,为后来纂修《祖宗实录》奠定了基础"⑥。因此,皇统元年(1141)十二月完颜勖"进先朝《实录》三卷,上焚香立受之"⑦,并得到金熙宗的充分肯定。金熙宗对完颜勖等

---

① 冯家昇:《〈辽史〉源流考》,见冯家昇:《冯家昇论著辑粹》,北京:中华书局1987年版,第105页。
② 王惠德:《试探辽代史学的发展及其特色》,载《内蒙古社会科学(汉文版)》,2008年第2期,第41—43页。
③ 〔元〕脱脱等:《金史》,卷73,本纪11《阿离合懑》,北京:中华书局1975年版,第1672页。
④ 〔元〕脱脱等:《金史》,卷66,列传4《始祖以下诸子世宗下》,北京:中华书局1975年版,第1558页。
⑤ 〔元〕脱脱等:《金史》,卷66,列传4《始祖以下诸子世宗下》,北京:中华书局1975年版,第1558页。
⑥ 吴凤霞:《女真贵族的史学自觉与金代实录的编纂》,载《史学集刊》,2008年第2期,第87—91页。
⑦ 〔元〕脱脱等:《金史》,卷4,本纪4《熙宗》,北京:中华书局1975年版,第78页。

"赏赉有差"①,给予了不同程度的赏赐。综观金代史学成就,远在辽代之上,甚至还高于后继王朝元,即如清代学者赵翼所讲,"金代文物远胜辽元"。② 除两次撰修《辽史》为元修《辽史》奠定的基础外,金代史学编撰成就即在于实录的编 ,其意义不仅在于保存了女真民族的社会发展历程与文化,为元修《金史》提供了重要史料素材,促进了少数民族政权统治时期史学的不间断发展,而且体现了女真民族对待历史文化与社会文明进程的重视程度,"金代统治者重视实录的编纂,其意义不仅表现在促进了史学的发展,它也显示了女真族对文明进步的向往和追求,是多民族历史文化认同的具体体现",③ 对此我们要给予充分肯定与正确评价。

(三)被汉民族认同

契丹和女真民族建立的辽金政权是中国北方举足轻重的政治力量,作为以汉民族为主体的宋政权不但要正视辽金政权不断发展壮大的事实,而且要考虑如何认识这两个少数民族政权,思考怎样处理接下来可能与之发生的各种关系。因此,宋人尤其是宋统治者对辽金政权的认识及态度,在一定程度上决定了大多数汉人对契丹和女真两个民族的态度,尤其是在辽金统治区域内的汉族士人对辽金政权的态度。

通过考察辽宋关系可以发现,宋人对契丹的认识发展与变化主要有三个方面特点和规律。

一是宋人对契丹的认识因宋辽关系的演变而发展变化。总的来看,宋人对契丹的认识变化主要以辽宋关系史上的重大事件之一"澶渊之盟"为

---

① 〔元〕脱脱等:《金史》,卷66,列传4《始祖以下诸子世宗下》,北京:中华书局1975年版,第1558页。
② 〔清〕赵翼:《廿二史札记》,卷28,北京:商务印书馆1958年版,第567页。
③ 吴凤霞:《辽金元史学研究》,北京:中国社会科学出版社2009年版,第81页。

第二章 文化认同与辽金时期图书出版的发展

分界线。从北宋建立至"澶渊之盟"订立,北宋一直在积极推进先南后北,消灭各割据政权以统一全国的作战方略,契丹终归是其要灭亡的主要对象,因而对于契丹北宋始终站在正统王朝的角度,以居高临下之势予以看待,从而使宋人对契丹的认识带有了传统夷夏观的深深烙印。最突出的表现之一,即宋人在谈及契丹时皆称其为"夷""戎""虏","幽蓟八州,陷北虏几二百年。其间,英主贤臣欲图收复,功垂成而辄废者三矣,此豪杰之士每每深嗟而痛惜"。① 显然,宋人对契丹的认识还停留在传统夷夏观的模式上,也是宋对契丹的实力认识尚不明了的情况下做出的判断。经过多次军事较量,尤其是澶渊之盟的订立,使宋对契丹的认识发生了重大改变。

"澶渊之盟"订立后,尽管宋从内心并不情愿,但至少从形式上开始将契丹置于与其相对等的地位加以对待。例如澶渊之盟就首先将双方皇帝放在了平等位置,"维景德元年,岁次甲辰,十二月庚辰朔,七月丙戌,大宋皇帝谨致誓书于大契丹皇帝阁下,共遵成信,虔奉欢盟"②。而后,北宋不但认可辽为北朝,己为南朝,而且希望双方始终保持友好的关系,"南北两朝永通和好"。③ 虽然北宋是忌惮于辽的武力威胁,但以平等的心态来处理辽宋两朝关系,已是不争的事实,最明显的例子即是在辽宋往来的官方文书中,尤其是宋单方面发布的官文书、诏旨中,以及宋辽地方官来往书信中,去除了原来对契丹具有侮辱色彩的称呼,在这一点上宋朝皇帝以上率下,为国人做出了榜样。

在西元 1005 年,澶渊盟约缔订后,宋真宗立即罢废了带有鄙视态

---

① 〔宋〕王辟之:《渑水燕谈录》,卷9《杂录》,北京:中华书局1981年版,第111页。
② 〔宋〕李焘:《续资治通鉴长编》,卷58《真宗景德元年》,北京:中华书局2004年版,第1299页。
③ 〔宋〕陆游:《老学庵笔记》,卷7,北京:中华书局1979年版,第92页。

度的字眼地名,如"虏""戎"之类。如威虏军改为广信军,静戎军改为安肃军。契丹的避讳亦为宋人所遵从。①

尽管此后仍有部分宋人对澶渊之盟颇有微词,在个人书稿信件中仍对契丹具有鄙视之意,但从主流方面看,宋人还是视契丹为与己对等的邻邦。"基本上能够恪守双边和议,并对发展与北方民族政权和好关系保持积极态度。在这方面,北宋时期与辽的关系堪称典范。"②

二是宋人对契丹的认识随着契丹汉化进程而发展变化。辽朝建立以后,随着对中原文化的认同与吸收,辽代社会的汉化程度越来越高。辽宋自澶渊结盟之后,外交往来越来越频繁,宋人对契丹的了解也越来越深入。而随着辽政权汉化程度的日益加深,宋人对契丹的认识也逐渐在发生着改变,其中最大变化在于将契丹区别于传统的夷狄蛮貊。如宋太宗曾感言,"今之猃狁,群众变诈,与古不同。"③ 承认今日之契丹与以往不同。宋廷中一些有识之士,更是对契丹给予了高度重视。如韩琦就认为契丹深受汉文化影响,自认不可和以往的匈奴、突厥等民族同日而语。契丹"典章文物,饮食服玩之盛,尽习汉风,故虏气愈骄,自以为昔时元魏之不若也,非如汉之匈奴,唐之突厥"。④

三是始终将契丹作为中国的一个少数民族来对待。契丹是我国北方的一个少数民族,其历史可追溯至鲜卑、匈奴等北方古老民族。通过不断与中原汉民族的接触与融合,契丹对中华主体历史文化的认同度越来越高,

---

① 陶晋生:《宋辽关系史研究》,台北:台北联经出版事业公司1984年版,第98页。
② 瞿林东主编,向燕南等著:《历史文化认同与中国统一多民族国家》(第三卷),石家庄:河北人民出版社2013年版,第134页。
③ 〔宋〕李焘:《续资治通鉴长编》,卷32《太宗淳化二年》,北京:中华书局2004年版,第714页。
④ 〔宋〕韩琦撰,李之亮、徐正英笺注:《安阳集编年笺注(下)》,成都:巴蜀书社2000年版,第1635页。

第二章 文化认同与辽金时期图书出版的发展

并自觉将自己视为华夏族的一员。北宋建立后,尽管将契丹划入戎夷之列,但从未将其排斥于中华这个大家庭之外,倒也是不争的事实,具体表现就是逐渐认同了辽为自己的兄弟之国。辽统治者自视为中国的一分子,并有着与中原一些政权结为兄弟之国的传统。如史料记载说辽建立者阿保机就曾与李克用结拜为兄弟。唐天祐二年(905),阿保机"以骑兵七万会克用于云州。宴酣,克用借兵以报刘仁恭木瓜涧之役,太祖许之。易袍马,约为兄弟"。[1] 闻知李克用之子李存勖被杀后,当着李嗣源使臣的面,阿保机大哭说:"我与河东先世约为兄弟,河南天子我儿也。"[2] 因而宋辽澶渊结盟后,也相互结为兄弟之国,辽主耶律隆绪尊宋帝赵恒为"兄",赵恒尊肖后为"叔母",对此宋朝并没有否认。与辽结为兄弟之国,从某种意义上讲是宋情非得已之举,但没有拒绝或据理力争,也说明宋对契丹这个华夏族的一分子,在血缘与情感上给予了认同,这是我们应该从宋辽结义的表象上得出的重要结论。

宋人对女真认识的发展与变化,突出表现为从歧视到平等相待再到俯首称臣的戏剧性逆转。

女真族发祥于白山黑水之间,10世纪时臣服于辽朝。女真同契丹等少数民族一样,也被宋人视为夷狄,甚至在部分中原汉人看来,女真人在夷狄中的地位比契丹还要差,是"夷狄中至贱者"。[3] 金建立政权后,宋人对女真的认识开始发生转变,在是否将其放在对等地位的态度上产生了分歧。赵良嗣就主张应该把女真人建立的金朝看成一个独立政权,并"以国

---

[1]〔元〕脱脱等:《辽史》,卷1,本纪1《太祖上》,北京:中华书局2016年版,第3页。

[2]〔宋〕薛居正等:《旧五代史》,卷137《外国列传第一》,北京:中华书局1976年版,第1830页。

[3]〔宋〕徐梦莘:《三朝北盟会编》,卷244《炎兴下帙144》,上海:上海古籍出版社2008年版,第1753页。

书,用国信礼"①。赵有开则认为,"女真之酋止节度使,世受契丹封爵,常幕中朝不得臣属",主张不必"过为尊崇,止用诏书足矣"。②把金国视为臣下小邦,与地方节度使相同,反对将其放在对等的地位。但随着女真军事实力的不断壮大,宋人不得不开始重视女真族的地位和力量,将其置于平等地位以图联金制辽。政和八年(1118)八月,宋朝派马政、呼延庆和高药师等率领80多人出使金朝,以北宋建国以来"屡市马女真"为名,试图与女真"再议和好",并商议"夹攻大辽事"③,此次出使也反映出宋朝已将女真视为对等的国家进行对待。如马政等在回答金太祖阿骨打问话时讲道:"先是贵朝在大宋太祖皇帝建隆二年时,常遣使来买马,今来主上闻贵朝攻陷契丹五十余城,欲与贵朝复通前好。兼自契丹天怒人怨,本朝欲行吊伐,以救生灵涂炭之苦,愿与贵朝共伐大辽。虽本朝未有书来,特遣使政等军前共议,若允许,后必有国使来也",④ 即北宋与金是两个朝廷的关系。尽管如此,仍有部分宋人对女真抱有鄙视的心态,并不由自主地将这种心态溢于言表。如许亢宗在《宣和乙巳奉使金国行程录》中记载,宣和七年(1125)正月,许亢宗等受任出使金朝祝贺金太宗即位,行至咸州(今辽宁开原),"及赐宴毕,例有表谢",许亢宗即按照惯例,拟就一表,其中就有"祗造邻邦"一语,在金看来即有"轻我大金国"之意,要求许亢宗加以修改。⑤ 但这已经无法改变女真不断强大的事实,因

---

① 〔宋〕杨仲良撰:《皇宋通鉴长编纪事本末》,第4册,卷142《金盟上》,哈尔滨:黑龙江人民出版社2006年版,第2385页。
② 〔宋〕徐梦莘:《三朝北盟会编》,卷4政宣上帙4,上海:上海古籍出版社2008年版,第24页。
③ 〔宋〕徐梦莘:《三朝北盟会编》,卷2政宣上帙2,上海:上海古籍出版社2008年版,第14页。
④ 〔宋〕徐梦莘:《三朝北盟会编》,卷2政宣上帙2,上海:上海古籍出版社2008年版,第14页。
⑤ 赵永春:《金人自称"正统"的理论诉求及其影响》,载《学习与探索》,2014年第1期,第144—152页。

第二章 文化认同与辽金时期图书出版的发展

而宋人也不得不对其采取了平等相待的态度。宣和二年（1120），宋朝又派遣赵良嗣出使金朝，与金签订了"海上之盟"并进行口头约定，双方为对等之国，互相使用"国书"交聘。宣和五年（1123），金人同意把燕京及其六州土地割给北宋。在商讨双方关系时，金使向宋朝提出"今后通好，不知或为兄弟，或为叔侄，或为知交"的问题，宋朝王黼"谕以敌国往来，只可用知交之礼"。[①] 此后，宋朝又"尽还其待大辽敌国之礼，唯不称兄弟而已"。[②] 正式承认了金为对等之国的地位，直至金再次发动攻宋战争。

如果说宋人勉强承认金的对等地位是出于无奈的话，那么接下来发生的金对宋的两场战争，则完全颠覆了宋人对女真的认识。天会三年（1125），金人第一次攻宋并包围了宋朝都城东京（今河南开封），宋钦宗曾向金人提出，"太上皇（指宋徽宗）与大金大圣皇帝（金太祖阿骨打）及今皇帝（指金太宗吴乞买）义同兄弟，今来国书当依契丹旧例，礼从伯侄施行"[③]，主动要求改变金宋对等地位，反过来将金朝置于高于自己之上的"伯"的地位。天会四年（1126），金军第二次攻宋，宋钦宗"降服，上表称臣待罪"，[④] 彻底将自己置于臣属地位。尽管如此，北宋仍然没有摆脱被灭亡的命运，而对金称臣甘心居于附属地位的认识及至南宋建立也没有改变。宋高宗作为南宋的建立者，为坐稳皇帝的位置，更是向金人摇尾乞怜甘心居于臣下，"愿去尊称，甘心贬屈，请用正朔，比于藩臣"，[⑤] 以

[①] 〔宋〕徐梦莘：《三朝北盟会编》，卷15 政宣上帙15，上海：上海古籍出版社2008年版，第103页。

[②] 〔宋〕徐梦莘：《三朝北盟会编》，卷16 政宣上帙16，上海：上海古籍出版社2008年版，第112页。

[③] 〔宋〕徐梦莘：《三朝北盟会编》，卷30 靖康中帙5，上海：上海古籍出版社2008年版，第220页。

[④] 佚名：《大金吊伐录》，卷4，北京：中华书局1985年版，第120页。

[⑤] 〔元〕脱脱等：《宋史》，卷114，志67《礼十七》，北京：中华书局1977年版，第2705页。

"奉表称臣"为条件,换取金人的息兵讲和。宋人对金的认识从歧视到平等相待再到俯首称臣,随着宋金实力对比的变化而发生了根本性转变。

宋人尤其是宋统治阶级上层对辽金的认识变化,对汉族民众产生的影响是比较明显的。如在生活习俗方面,不少汉人仿穿契丹人服装,"契丹人的服饰美观大方,传入中原后,仿效者甚多"①。以至于宋仁宗曾下诏"禁士庶效契丹服及乘骑鞍辔、妇人衣铜绿兔褐之类"②。对于辽金治下汉族士人所具有的重要影响更是明显。具体来看,辽金汉族士人对这两个政权的认识经历了初期的被迫认同到后期的自觉认同的过程。辽朝建立之初,汉族士人对新政权有着天然的排斥心理,夷夏有别、明辨夷夏观念十分强烈。

> 在时势变迁的情况下,汉族士人不能不在震动中思考,在思考中转变。至此,"夷夏之辨"的观念逐渐淡去,调整心态,更新观念,以积极的态度面对现实、面对生机勃勃的大辽王朝,成为汉族士人的新选择。③

因此,当北宋史学家欧阳修撰《新五代史》将契丹列入四夷之一附录于书后,该书流入辽国后,引起了汉族士人的极大不满,刘辉上书给辽道宗皇帝:

> 宋欧阳修编《五代史》附我朝于四夷,妄加贬訾。且宋人赖我朝

---

① 任崇岳:《宋代中原文化与契丹、女真文化的交流与融合》,见《民族史研究》(第三辑),北京:民族出版社2002年版,第160—172页。
② 〔元〕脱脱等:《宋史》,卷153,志106《舆服五》,北京:中华书局1977年版,第3576页。
③ 王德朋:《辽代汉族士人心态探析》,载《史学集刊》,2003年第2期,第77—83、112页。

第二章　文化认同与辽金时期图书出版的发展

宽大，许通和好，得尽兄弟之礼。今反令臣下妄作史，恬不经意。臣请以赵氏初起事迹，详附国史。①

辽代汉族士人前后心态的巨大反差，足以表明对辽政权前后认同态度的变化。

辽金时期汉族士人对辽金政权的认同经历了比较曲折乃至痛苦的抉择过程，曾有学者分析了金朝曾累官至吏部尚书、右丞相蔡松年的心路历程，比较具有代表性：

> 要之，蔡松年入金以后，由不愿仕金到被迫仕金再到情愿仕金，他的心态及其文化人格也经历了一个守节—彷徨—消释—重构的过程。他的彷徨忧虑一是因为汉人仕"夷"所造成的心理冲突，一是喜好林泉与不得已而出仕所造成的心理矛盾。前者主要是儒家传统的价值观与现实的遭际所造成的冲突，后者主要是个人的性情志趣与现实的处境所造成的冲突，而前一矛盾对后一矛盾实是有着绝大的影响。同样，他的消释也就既消释夏夷大节之虑所造成的块垒，也进而消释出仕与归隐之矛盾所造成的块垒，前者实则是对封建士人传统的正统观念的一种背叛，而后者则是对现实人生之生存方式的一种具体的抉择。②

但是不可否认的是，辽金时期汉族士人对文化的传承与发展仍发挥着无可替代的作用，"文化和思想的传承与创新自始至终都是士的中心任

---

① 〔元〕脱脱等：《辽史》，卷104，列传34《文学下》，北京：中华书局2016年版，第1604、1455页。
② 刘锋焘：《从守节彷徨走向消释超脱——论蔡松年文化人格的转变》，载《兰州大学学报》，2000年第1期，第113—119页。

务"。① 因此，汉族士人对辽金的文化认同，直接影响了这一时期文学与史学典籍的编纂。"中国古代士人以'业儒'和'志于道'为主要特征。既以诗文儒学见长，日常活动便常围绕'文'进行；既'志于道'，则必对国家社会前途尤为关注。辽代汉族士人也不例外"，由于"契丹皇帝是汉族士人交往的重要对象，其交往的一项重要内容便是应制赋诗以及与皇帝切磋诗词"，因此海山善于诗赋，并有《海山集》传世。② 辽道宗也精通诗词歌赋，有诗文集《清宁集》③。金朝时"由于章宗个人好尚文辞的兴趣，翰林学士院充当了为其储备文学侍从官的作用。而此时大量出现的翰林官员应制赋诗作文的记载，也说明此官员群体的这种文学创作活动非常活跃。"例如"赵秉文的《扈从行》和《春水行》这两首诗应是在当时场景下的即时应制作品"。其中，"'不才无力答阳春，羞特长杨侍从臣。闲与老农歌帝力，欢呼一曲太平人'之句，显然是在赞颂章宗的圣德。""王庭筠扈从章宗秋山游幸时，一次即'应制赋诗到三十余首'。"④ 宇文虚中在金代文学的发展中，"以翰林学士承旨、礼部尚书的身份问鼎文坛，曾经影响了从金初开始的一代文风"，⑤ 与韩昉"俱掌词命"⑥。在金代深受统治者重视，"金初统治者十分看重他的才能，虽然如此，他也不能摆脱'华夷之辨'的民族观念的束缚，但是身不由己，只有寓情诗词一抒苦闷

---

① 余英时：《士与中国文化》，上海：上海人民出版社2003年版，引言。
② 蒋金玲：《辽代汉族士人的社会交往》，载《黑龙江社会科学》，2017年第4期，第146—151页。
③ 〔元〕脱脱等：《辽史》，卷96，列传26《耶律良》，北京：中华书局2016年版，第1539页。
④ 闫兴潘：《金代翰林学士院制度研究》，武汉大学博士论文，2014年，第131—133页。
⑤ 郭长海：《儒学在金源》，哈尔滨：哈尔滨工业大学出版社2013年版，第89页。
⑥ 〔元〕脱脱等：《金史》，卷79，列传17《宇文虚中》，北京：中华书局1975年版，第1791页。

第二章　文化认同与辽金时期图书出版的发展

之情"。① 在金代文学的发展中,"以翰林学士承旨、礼部尚书的身份问鼎文坛,曾经影响了从金初开始的一代文风"②,与韩昉"俱掌词命"③。洪皓出使金国被滞留在金,经历了一番思想斗争后开始从事诗文创作,并深受金人喜爱,"皓虽久在北廷,不堪其苦,然为金人所敬,所著诗文,争钞诵求锓梓"④。

但到了金中后期,随着汉族士人对辽金政权认同程度的加深,特别是那些"通过辞赋、经义、策论三科最高级别考试的进士具备较高水平的语言艺术技巧,且对金政权高度认同,摆脱'华夷有别'的精神束缚",其创作成果更加丰富,其代表人物如金代蔡珪等人,"或以诗文通显,或以著史留名,使金代文学呈现出独具一格的时代特征"⑤。同时,正是这些汉族士人的推动,前人诗文集出版的数量有所增加。"学士院新进唐杜甫、韩愈、刘禹锡、杜牧、贾岛、王建、宋王禹偁、欧阳修、王安石、苏轼、张耒、秦观等集二十六部"⑥,进一步丰富了辽金图书出版的种类与数量。

除文学作品外,在史籍的编修方面汉族士人也发挥了主力军的作用。在辽朝可统计出的79位修史官里,各族史官的比例如下:

> 契丹人只有5位(其中监修国史3人、修国史2人),其余74

---

① 马晓光:《金初汉族士人研究》,辽宁大学硕士论文,2012年,第34页。
② 郭长海:《儒学在金源》,哈尔滨:哈尔滨工业大学出版社2013年版,第89页。
③ 〔元〕脱脱等:《金史》,卷79,列传17《宇文虚中》,北京:中华书局1975年版,第1791页。
④ 〔元〕脱脱等:《宋史》,卷373,列传132《洪皓》,北京:中华书局1977年版,第11562页。
⑤ 姚雯雯:《金朝进士群体研究》,吉林大学博士论文,2020年,第177页。
⑥ 〔元〕脱脱等:《金史》,卷9,本纪9《章宗一》,北京:中华书局1975年版,第218页。

人都是汉人。故在修史官中，汉士比率高达93.7%，可见修史官中汉人仍然占据压倒性的多数。而在修史官最高职位监修国史中，汉人多达14人，占17位监修国史官的82.4%，可见汉士在修史官中仍然稳居优势。①

金代"兼任'修国史'和'同修国史'共有33人，其中，女真人10人，汉人16人，契丹人6人，渤海人1人"。②

（四）互相认同

以宋为代表的中原政权与辽金的互相认同，基于双方和平外交关系的确立和经济、文化方面的相互往来。如就宋金关系而言，

> 战争和对立不是宋金关系的主流，而和平相处、友好往来、互相学习、互相促进才是宋金关系的主流。无论是战争时期，还是和平相处时期，双方的政治、经济、文化交流都没有中断，特别是和平共处时期，双方往来更加频繁。③

另外，双方的互相认同还表现在外交避讳上。如开禧北伐失败后，南宋王介"接送伴金朝贺生辰使还，奏：'故事两国通庙讳、御名，而本朝止讳御名，高宗至光宗皆传名而不传讳，绍熙初，黄裳尝以为言，而未及厘正。愿正典礼，以尊宗庙'"。④ 又如宋孝宗淳熙六年（1179）"枢密

---

① 蒋金玲：《辽代汉族士人研究》，吉林大学博士论文，2010年。
② 吴凤霞：《辽金元史学研究》，北京：中国社会科学出版社2009年版，第85页。
③ 赵永春：《金宋关系史》，北京：人民出版社2005年版，第9页。
④ 〔元〕脱脱等：《宋史》，卷400，列传159《王介》，北京：中华书局1975年版，第12154页。

第二章 文化认同与辽金时期图书出版的发展

院言:'盱眙军申泗州牒,(元)〔完〕颜亶已〔追谥闵宗皇帝,升〕祔〔太〕庙,所有庙讳及同音字并合与回避。'诏下有司照会。"① 虽然由于"外交上的弱势反映在避讳上面,就是南宋按照约定对金朝所需避的庙讳大大多于金朝所需避的南宋庙讳。"② 宋与辽金政权间的相互认同,这对辽金图书出版而言,既使它获得了难得的发展机遇,又对它具有重要的推动作用。

一是通过使臣出访请求赐予图书典籍。辽、金与中原宋王朝之间除战争外,和平相处时期使臣往来也未中断。辽、金使臣在出使宋王朝时,往往也会主动向宋王朝求赐一些汉文典籍,以满足辽、金统治者或者国人的需要。如释文莹《玉壶清话》卷七记载:"祥符中契丹使至,因言本国喜诵魏野诗,但得上帙,愿求全部。真宗始知其名,将召之,死已数年。搜其诗,果得《草堂集》十卷。诏赐之。"③ 满足了辽使的诉求。又据志磐《佛祖统记》载,北宋天禧三年(1019)"十一月,东女真国入贡,乞赐《大藏经》诏给予之"。④ 而后辽、金与宋王朝关系紧张,而且宋朝又颁行严厉的禁书令,辽、金只好通过他国使臣访宋之机代为搜求或以其他方式获取,苏辙在《栾城集》中有如下记载:

> 本朝初许入贡,祖宗知其无益,绝而不通。熙宁中,罗拯始募海商,诱令朝觐,其意欲以招致远夷,为太平粉饰及掎角契丹,为用兵援助而已……而高丽之人,所至游观,伺察虚实,图写形胜,阴为契

---

① 〔宋〕李心传撰,徐规点校:《建炎以来朝野杂记》,下册,附录一,北京:中华书局2000年版,第921页。

② 张军:《文化认同视角下南宋与金外交避讳问题考论》,载《贵州民族研究》,2015年第6期,第182—188页。

③ 〔宋〕文莹撰,郑世刚、杨立扬点校:《玉壶清话》,卷7,北京:中华书局1984年版,第66页。

④ 〔宋〕志磐:《佛祖统纪校注下》,卷45《释道法校注》,上海:上海古籍出版社2012年版,第1063页。

文化认同视阈下辽金时期图书出版楔入北方文化融合进程研究

丹耳目。①

为此,还遭到了宋人的嘲讽,当时辽朝"彼讲和日久,颇窃中国典章礼仪"②。

金宋政权间常有移民往来,双方之间还常互派使臣,这种政权之间人口的流动,必然会带来书籍的交流。移民往往通过自身的携带实现了一部分书籍的对外流动。如洪皓"有书万余卷,名画数百卷,皆厄兵烬。居穷绝域,复访求捆载以归。"③ 洪皓在金收集原在兵火中散失的各种图书,后均带回南宋。金宋间出于政治交往的需要,遇有节日和重要事件都要互派使者,称为交聘。这些使者出使时常携带部分商品与对方交换,其中不乏图书文籍。有的是将对方国内出版的图书带回国内,有的是将本国图书通过交易输入对方市场,促进了图书在各政权之间的相互流通。

二是通过民间贸易获取中原图书典籍。辽宋澶渊之盟以后,双方在经济、文化方面交流逐渐频繁,尤其是榷场贸易,为辽从宋王朝获取儒学典籍提供了较为便利的条件。"宋辽此时期书籍交易也当相对自由。"④《桯史》记载:"承平时,国家与辽欢盟,文禁甚宽,辂客者往来,率以谈谑诗文相娱乐。"⑤ 虽然后来北宋出于维护政权安全的需要,几次下诏书发布律令对图书贸易进行了诸多限制,但儒学典籍却不在禁止之列。如景德三年(1006)九月诏:"民以书籍赴缘边榷场博易者,自非九经书疏,悉禁

---

① 〔宋〕苏辙著,陈宏天、高秀芳点校:《栾城集》,卷46《乞裁损待高丽事件札子》,北京:中华书局1990年版,第801页。
② 〔元〕脱脱等:《宋史》,卷340,列传99《苏颂》,北京:中华书局1977年版,第10863页。
③ 〔宋〕洪适:《盘洲文集》,见四川大学古籍所编:《宋集珍本丛刊第45册》,北京:线装书局2004年版,第492页。
④ 田建平:《宋代书籍出版史研究》,河北大学博士论文,2012年,第166页。
⑤ 岳珂:《桯史》,卷2《东坡属对》,北京:中华书局1981年版,第16页。

第二章　文化认同与辽金时期图书出版的发展

之。违者案罪，其书没官。"① 元丰元年（1078）四月又颁布了一个更为严厉的书禁诏令："诸榷场除九经疏外，若卖余书与北客，及诸人私卖与化外人书者，并徒三年，引致者减一等，皆配邻州本城，情重者配千里。许人告捕给赏。著为令。"② 可见"九经"等儒学典籍仍可进行正常贸易，为儒学典籍向辽境输入提供了可能。通过以上几种方式，辽从中原地区搜求来大量以儒学为主的图书典籍，以至于苏轼谈及此事不无感慨地说："中国书籍山积于高丽，而云布于契丹。"③ 宋金和平时期，双方的书商首先在榷场中购进书籍，再将购得的书籍拿到国内市场出售。金与南宋之间正式设立榷场是在金皇统二年（1142），金置榷场于寿、蔡、泗、唐朝、邓、秦、巩、洮州、凤翔府等地；宋置榷场于光州、枣阳、安丰军、花靥镇、盱眙军等地。

通过正常贸易或其他方式输入到辽金的图书典籍不仅限于儒学经典，大量的文学作品也传播到了辽金国内。宋哲宗元祐四年（1089），苏辙奉命使辽，在燕京不仅看到了苏轼的《眉山集》还看到了其家的家谱，"谁将家谱到燕都，识底人人问大苏？莫把声名动蛮貊，恐防他日卧江湖"。④ 并得知自己及父亲苏洵的著作也都传入辽国，所以归宋后向哲宗报告说：

> 本朝民间开版印行文字，臣等窃料北界无所不有。臣等初至燕京，副留守邢希古相接送，令引接殿侍元辛傅语臣辙云："令兄内翰（谓臣兄轼）《眉山集》已到此多时，内翰何不印行文集，亦使流传至

---

① 〔清〕徐松辑：《宋会要辑稿（全八册）》，食货三八之二八，第140册，北京：中华书局1957年版，第5480页。
② 〔宋〕李焘：《续资治通鉴长编》，卷289《神宗元丰元年》，北京：中华书局2004年版，第160—172、7068页。
③ 〔宋〕苏轼著，孔凡礼点校：《苏轼文集》，卷35《论高丽买书利害札子三首》，北京：中华书局1986年版，第999页。
④ 于敏中编纂：《日下旧闻考》，卷129《京畿》，北京：北京古籍出版社1981年版，第2085页。

此?"及至中京,度支使郑颛押宴,为臣辙言:先臣洵所为文字中事迹,颇能尽其委屈。及至到账前,馆伴王师儒谓臣辙:"开常服茯苓,预乞其方。"盖臣辙尝作《服茯苓赋》必此赋亦已到北疆故也。臣等因此料本朝印本文字,多已流传在彼。其间臣僚章疏及士子策论,言朝廷得失、军国利害,盖不为少。兼小民愚陋,唯利是图,印行戏谑之语,无所不至。若使尽得流传北界,上则泄漏机密,下则取笑夷狄,皆极不便。访闻此等文字贩入虏中,其利十倍。人情嗜利,虽重为赏罚,亦不能禁。①

景祐年间范仲淹因言事被贬官,同时受牵连的还有余靖、尹洙、欧阳修,蔡襄为此作了《四贤一不肖》诗,流传于都城,"鬻书者市之,颇获厚利。虏使至,密市以还。张中庸奉使幽州,馆中有书君谟诗在壁上。"②张舜民使辽,亲见幽州"有题子瞻《老人行》于壁者,闻范阳书肆亦刻子瞻诗数十篇,谓《大苏小集》",甚至出现了"逢见胡人问大苏"(渑水燕谈录·歌咏)的盛况。③

三是辽金图书不断流通到宋朝统治区域。市场需求是影响书籍流通的最主要因素,金人所刻《宋徽宗谢表》长期销往南宋充分说明了这一点。据宋张端义的《贵耳集》记载:

道君北狩,在五国城,或在韩州,凡有小小凶吉丧祭节序,北虏必有赐赉,一赐必要一谢表。北虏集成一帙,刊在榷场中博易,四五

---

① 〔宋〕苏轼:《苏辙集》,卷42《论北朝所见于朝廷不便事》,北京:中华书局1990年版,第747页。
② 李文泽:《辽宋文化交流与契丹文明的发展》,见《宋代文化研究》,成都:巴蜀书社1998年版,第238—249页。
③ 任崇岳:《宋代中原文化与契丹、女真文化的交流与融合》,见《民族史研究》(第三辑),北京:民族出版社2002年版,第160—172页。

第二章 文化认同与辽金时期图书出版的发展

十年,士大夫皆有之。余曾见一本,更有《李师师小传》同行于时。①

北宋灭亡后,宋徽、钦二帝被掳到金国,流放到遥远的东北边疆地区,过着囚犯的生活。宋人对于先帝的生活状况极其关心,金地出版商捕捉到宋人这一心理,便将宋徽宗上给金国皇帝的谢表集结成册,在边境出售。《谢表》的内容每年都有更新。宋徽宗(1082—1135)死后,钦宗(1100—1161)时仍有谢表,故《谢表》的刻印持续时间长达四五十年,南宋士大夫人手一本,可知其销量是非常可观的。

金朝的医学成就高于同时期的南宋,改变了北宋墨守成规、不知变通的医风,形成了新的医学派别和医学理论,并在临床上取得了显著的成效。产生了多位著名的医学家,其医学著作为宋人所青睐,成为榷场交易的主要商品。南宋荆门守张孝忠获成无己著述,"无己之所作,自北而南,盖两集也。予以绍熙庚戌岁入都,得前十卷(《伤寒论注》十卷,笔者注)于医者王光廷家,泊守荆门,又于襄阳访后四卷(《明理论》笔者注)得之",并于彬山刊印此书,即《伤寒明理论》。② 襄阳为金与南宋间一处重要的榷场所在地,故此书应是从榷场传入南宋的。又有金刻的《风科集验名方》南宋"虚白处士赵公获是书于荆湖间"。③ 朱熹曾通过北方互市获得过司马光《潜虚》的金刻本。

金人的文学作品在南宋也有市场,如毛麾"平阳府人,有《平水老人诗集》十卷行于虏境。榷商或携至中国,余偶得一帙,可观者颇多"。④ 在宋藏书家目录中著录的金人著作有蔡松年《萧闲集》、吴激《东山集》说

---

① 〔宋〕张端义:《贵耳集》,卷下,北京:中华书局1985年版,第45页。
② 〔金〕成无己:《伤寒明理论序》,见《中国医学大成4 伤寒明理论》,上海:上海科学技术出版社1990年版,第2页。
③ 〔元〕阎复:《静轩集》,卷4《风科集验名方序》,北京:中华书局1999年版,藕香零拾,影印本,第376页。
④ 〔宋〕赵与时:《宾退录》,卷2,北京:中华书局1985年版,第18页。

明此集流入南宋。《萧闲老人明秀集》的金本甚至流传到了今天,《东山集》也在金代流传。此二人本是北宋人,后入金,南宋人对其作品很感兴趣,所以其印本流入南宋市场正是迎合市场需要的结果。

金朝的官制也可能通过榷场流入南宋。洪皓《金国文具录》记录了金初创制的官制、禄格、封荫、谥讳等制度,在归宋时其他可能涉及金国机密的书籍都焚烧了,只有此书带回了南宋。洪皓《跋金国文具录札子》记载:"臣拘絷绝域十有五年,凡所见闻,亦尝记录。比闻孟庾南还,发箧得其状稿,几沮归计,应有书籍,悉被留。臣之所编,若密切者惩艾焚毁,独存此书。"[①] 这就说明书中所记有关官制等内容的书籍是允许对外流通的,不在禁限之列。宋《遂初堂书目》职官类录有《金国大定官制》[②],《宋史·艺文志》职官类有《金国明昌官制新格》[③],说明金的这一类书籍流入南宋的并不少,南宋人见到了这些金代的官制、律法。

三、辽金时期图书出版发展对文化认同的反向推动

辽金时期图书出版的发展,为图书流通提供了必要条件,也直接推动了辽金时期藏书事业的发展。"藏书的出现是图书流通的一种标志,藏书的体制和规模是衡量图书流通程度的一个重要尺度。"[④] 不仅如此,藏书事业的发展既是对历史文化的传承,同时也是对历史文化在某种程度上的认同,特别是私家藏书的发展,正如有学者指出:

---

① 李澍田:《金史辑佚》,长春:吉林文史出版社1990年版,第219页。
② 〔宋〕尤袤撰:《遂初堂书目》,北京:中华书局1985年版,第12页。
③ 〔元〕脱脱等:《宋史》,卷203,志156《艺文二》,北京:中华书局1977年版,第5110页。
④ 李瑞良:《中国古代图书流通史》,上海:上海人民出版社2000年版,第98页。

第二章　文化认同与辽金时期图书出版的发展

> 古代私家藏书的文化心态有多种多样,但其根本的思想基础,是中华民族历久弥坚的文化认同心理。文化认同的心理促使人们高度重视历史文化遗产,而注重保藏、传承文化典籍便是这种文化心态突出的行为表象。①

因此,通过考察辽金时期藏书事业的发展这一侧面,我们能够更清晰地理解图书出版业在促进辽金时期文化认同形成过程中所发挥的重要历史作用。

关于辽金时期的图书收藏问题,是相关领域研究者重点关注的课题之一,也积累了较为丰富的成果。② 有鉴于此,笔者不再就辽金时期的图书收藏问题做全面介绍,而是重点关注其与辽金文化认同之间的关系。在梳理相关文献与既有研究成果后,笔者认为藏书事业的发展既是辽金时期文化认同的生动体现,也为文化认同的发展与巩固发挥了重要作用。

第一,辽金藏书制度与传统的确立,既体现了对中原汉文化的高度认同,又加深了这种认同。

"辽金元三朝是少数民族建立的政权,由于汉族文化的影响,官方也很重视藏书。"③ 因而,宋代设立的官方主要藏书场所,如崇文院、秘阁、太清楼、龙图阁、天章阁、国子监等,虽然在辽金时名称不尽一致,但也

---

① 周少川:《册府文津》,郑州:河南人民出版社2019年版,第86页。
② 具有代表性的相关研究成果主要有:来新夏的《中国古代图书事业概要》(天津古籍出版社1987年10月);曹之的《中国古代图书史》,武汉大学出版社2015年4月);王余光主编、王龙著的《中国阅读通史·辽西夏金元卷》(安徽教育出版社2017年12月);任继愈主编的《中国藏书楼》(共三册,辽宁人民出版社2010年1月);薛瑞兆编著的《金代艺文叙录》(中华书局2014年10月);范凤书的《中国私家藏书史》(修订版,武汉大学出版社2013年7月);李西亚的《金代图书出版研究》(中国社会科学出版社2015年9月);王龙的《辽代藏书概述》(《科技情报开发与经济》2014年第24期);周峰的《辽金藏书家考》(《北方文物》2007年第2期)。
③ 曹之:《中国古代图书史》,武汉:武汉大学出版社2015年版,第266页。

都相继设立了类似机构。如辽在建立政权后的200多年间也设立了"秘书监、崇文馆、乾文阁、国史院、翰林院、观书殿、昭文馆"① 以及文学馆、司经局等②。金的中央藏书机构主要有"秘书监、国史院、翰林院、弘文院和稽古殿等"③，另外，"大定年间设立的译经所、明昌年间设立的弘文院等都有专门收藏图书的场所，其他如蓬莱院、贲文馆、集贤院也收藏图书，并设专员管理"④。而除了官府和学校藏书外，辽金时期私人藏书也大盛其行。辽代最具有儒学文化素养的代表人物耶律倍，先是"起书楼于西宫"⑤，后又"市书至万卷，藏于医巫闾绝顶之望海堂"⑥。而后者据学者考证是"当时契丹国最大的藏书楼，现遗址犹存，亦是中国东北地区最早的私人藏书楼"。⑦ 后来耶律倍自扶余泛海奔于后唐，"载书数千卷，枢密使赵延寿每假其异书、医经，皆中国所无者"，⑧ 其藏书之丰富多样由此可见一斑。作为女性的图书收藏爱好者秦晋国妃萧氏也"聚书数千卷。能于文辞，其歌诗赋咏，落笔则传诵朝野，脍炙人口"⑨。金世宗之孙完颜璹，

---

① 王龙：《中国阅读通史·辽西夏金元卷》，合肥：安徽教育出版社2017年版，第42页。

② 任继愈：《中国藏书楼》，沈阳：辽宁人民出版社2001年版，第833页。

③ 王龙：《中国阅读通史·辽西夏金元卷》，合肥：安徽教育出版社2017年版，第139页。

④ 李西亚：《金代图书出版研究》，北京：中国社会科学出版社2015年版，第166页。

⑤ 〔元〕脱脱等：《辽史》，卷72，列传2《宗室》，北京：中华书局2016年版，第1334页。

⑥ 〔元〕脱脱等：《辽史》，卷72，列传2《宗室》，北京：中华书局2016年版，第1335页。

⑦ 王龙：《辽代藏书概述》，载《科技情报开发与经济》，2014年第19期，第150—153页。

⑧ 〔宋〕欧阳修：《新五代史》，卷73《四夷附录第二》，北京：中华书局1974年版，第901页。

⑨ 陈述辑校：《全辽文》，卷8，陈觉：《秦晋国妃墓志铭》咸雍五年，北京：中华书局1982年版，第193页。

第二章　文化认同与辽金时期图书出版的发展

不但博学好读书,也酷爱收藏图书典籍,以至于"宣宗南迁,诸王宗室颠沛奔走"之际,仍然坚持"尽载其家法书名画,一帙不遗"①。

辽金贵族因具备良好的物质条件而进行藏书尚可理解,但财力有限的民间力量仍能竭力收藏图书并形成了金代先进的藏书理念。金代的洪洞县地处当时北方刻印中心平阳,经济富庶且民风好学,"家置书楼,人蓄文库"。尽管如此,仍存在部分贫穷有志之士无法读到书的现象。因此县里的有识之士即倡导通过"购书自任""各出金钱"等方式,建立了汇集经史子集四大部类典籍的公共藏书楼,"得为经之书有若干、史之书有若干、诸子之书有若干,以至类书字学。凡系于文运者,粲然必备"。这一做法,不但达到了"便于己,盖以便于众;不特用于今,亦将传于后"②的目的。这"是中国历史上第一个公共藏书楼,并且是由私人集资创办的"。③ 不但开启公共节约之风,而且在改变旧有保守藏书风气方面具有开创性意义。不管基于何种目的而让私人藏书风气盛行,但这样的做法足以说明了藏书之人对历史文化的认同。即如有学者所谈到的:

> 为什么私家藏书人会舍生忘死,甚至抛家弃业来收藏图书?我想是出于文化认同的心理。中华民族历来有热爱历史的优良传统,所以很多学者和藏书家可以说是基于对民族文化的信仰和弘扬民族文化的想法,把藏书事业推向高潮。④

藏书事业的作用是不容忽视的,尤其是对于文明的接续发展与民族文

---

① 〔元〕脱脱等:《金史》,卷85,列传23《世宗诸子》,北京:中华书局1975年版,第1905页。
② 〔清〕张金吾:《金文最》,卷28《藏书记》,北京:中华书局1990年版,第385—386页。
③ 任继愈:《中国藏书楼》,沈阳:辽宁人民出版社2001年版,第839页。
④ 周少川:《册府文津》,郑州:河南人民出版社2019年版,第15页。

化认同的日益巩固,"是藏书文化才使今天以汉民族为主体构成的中国各族人民对中华文明的文化认同,由此升华对祖国历史的认同、国家的认同和产生巨大的凝聚力,这种凝聚力对时下更加牢固和强大"①。

第二,图书收藏为阅读提供便利条件的同时,又进一步巩固了文化认同。

吴晗先生曾在《江浙藏书家史略》中讲道:"藏书之风气盛,读书之风气亦因之而兴。"辽金时期官私藏书传统的确立和风气的形成,为各阶层人士阅读典籍深入了解和吸收汉文化的精髓大开了方便之门,社会读书热情日益增长,崇学之风日益盛行。虽然从阅读群体上来看,辽金时期上层贵族、文人学士和僧侣是主要读者群体,但不可否认他们是辽金时期阅读活动的先驱和开拓者,也是同时期整个社会读书风气的推动者和引领者。如辽圣宗耶律德绪"幼喜书翰,十岁能诗"②,"好读唐《贞观政要》至太宗、明皇《实录》则钦伏"③,还曾"亲以契丹字译白居易《讽谏集》诏蕃臣等读之"④。辽南院枢密使萧融,"好读书,亲翰墨,尤善丹青,慕唐裴宽、边鸾之迹,凡奉使入宋者,必命购求,有名迹不惜重价装潢即就,而后携归本国"⑤。而这种读书风气一旦形成,不仅影响自身,也将影响一代甚至几代人。太祖长子耶律倍不但自己"性好读书,不喜射猎"⑥,

---

① 陈德弟:《我国古代藏书文化与出版》,见陈德弟、范凤书主编:《藏书文化论集》,天津:天津古籍出版社2013年版,第27页。
② 〔元〕脱脱等:《辽史》,卷10,列传10《圣宗一》,北京:中华书局2016年版,第115页。
③ 〔宋〕叶隆礼:《契丹国志》,卷7《圣宗天辅皇帝》,上海:上海古籍出版社1985年版,第71页。
④ 〔宋〕叶隆礼:《契丹国志》,卷7《圣宗天辅皇帝》,上海:上海古籍出版社1985年版,第71页。
⑤ 王云五主编,叶隆礼撰:《丛书集成初编·辽志》,见厉鹗:《辽史拾遗》,卷21,北京:商务印书馆1936年版,第408页。
⑥ 〔宋〕叶隆礼:《契丹国志》,卷14《诸王传·东丹王》,上海:上海古籍出版社1985年版,第151页。

第二章 文化认同与辽金时期图书出版的发展

且其收藏图书影响到了整个家族几代人。其子平王耶律隆先亦"博学能诗,有《阆苑集》行于世"①,

> 其七世孙移剌履在金官至尚书右丞,博学洽闻,深通经史,为金著名文臣。其八世孙耶律楚材为著名的儒士和政治家,在元初,为蒙古政权的巩固和儒学发展做出了重要贡献。其十世孙耶律有尚亦为元代著名文士,累官至昭文馆大学士,兼国子祭酒。由此可见,耶律倍对读书的酷爱影响到了儿孙几代人。②

辽金贵族、臣僚等社会上层对代表中原文化汉文图书典籍的阅读,固然有其寻求治国方略及修身养性的需要,但其对以儒学为核心的汉文化的认同意向很清晰,因而这种阅读风气及其文化认同理念,自然会影响到社会其他层面。许多家庭无论富庶或是贫穷,在但凡有可能的情况下均着力购置图书教育子弟,阅读逐渐发展成为一种格外引人注目的社会风尚。金朝以清廉干练著称的孟驾之成名前,家境并不富裕,他母亲不惜倾家所出供其读书,"年逾三十,不就资荫。折节读书,母罄囊金,聚经史以成其志"。终于"崇庆元年秋,魁大同府选,辛巳登进士第。"③ 走上了学而优则仕的道路。在金人的认识中,读书的目的不仅仅是为了求取功名,还是个人修身养性、提高自身素养的途径,时人魏德元就曾告诫自己的儿子们说:"我家赀可五万余贯,浑有几,不若供汝辈读书。泰则登第,不登第

---

① 〔元〕脱脱等:《辽史》,卷72,列传2《宗室》,北京:中华书局2016年版,第1336页。
② 王龙著:《中国阅读通史·辽西夏金元卷》,合肥:安徽教育出版社2017年版,第29页。
③ 〔清〕张金吾:《金文最》,卷114《孟氏家传》,北京:中华书局1990年版,第1636页。

犹足以学自守。"①

　　需要指出的是，辽金各阶层人士对图书典籍尤其是汉文典籍的大量阅读，不仅增强了他们对汉民族文化的认同，更提升了这种认同的层次。他们逐渐将本民族文化视为中华文化的有机组成部分，从而在一定程度上实现了对整体中华文化的认同与融入。如辽道宗耶律洪基"尝有汉人讲《论语》至'北辰居其所而众星拱之'"时表达了不同的看法，认为"吾闻北极之下为中国，此岂基地耶？"等到侍臣"又讲至'夷狄之有君'，疾读不敢讲"时又发表意见说："上世獯鬻、猃狁荡无礼法，故谓之'夷'。吾修文物，彬彬不渝中华（中原地区、中原皇朝），何嫌之有？"所以"卒令讲之"②。这既体现出辽道宗对中原文化的向往，更表达了他自认为学习先进中原文化已达到一定高度的民族自信。而对中原文化的历史认同，又进一步发展为同为中华观念和意识的加强，如《辽史·太祖纪赞》即称"辽之先，出自炎帝，世为审吉国"③。

　　第三，图书典藏保存了历史文化，延续了文化发展进程，也为文化认同提供了重要前提和基础。

　　图书典籍在形塑文化传统与文化认同方面确实具有其他文化载体所不具备的作用。

> 文献对于社会的作用，所产生的效能首先表现在文化形成的过程之中。此外，文献的社会功能还应该包括已有文献成就对文化环境的再作功、再生效等方面，这主要是通过"文以载道""文治教化"对

---

① 〔元〕魏初：《青涯集》，卷5《先君墓碣铭》，见《四库全书珍本初集·集部·别集类》，上海：商务印书馆1935年版，第47页。

② 〔宋〕叶隆礼：《契丹国志》，卷9《道宗天福皇帝》，上海：上海古籍出版社1985年版，第95页。

③ 〔元〕脱脱等：《辽史》，卷2《太祖下》，北京：中华书局2016年版，第26页。

第二章 文化认同与辽金时期图书出版的发展

人类的价值观念进行文化认同和整合,从而对人们的思想行为发生规范、导向等社会功能。①

辽金时期除上层贵族外,汉族知识分子也是图书收藏的重要群体,而且对传承和传播中原文化发挥了重要作用,正如有学者所谈到的,"汉族知识分子作为辽代汉文化的主要传播和继承者,是辽代私人藏书的主要群体。他们的藏书活动对整个辽代的文化发展都具有不可替代的引导和推动作用。"② 同时,辽金时期藏书事业的发展,还直接促进了书籍流通和书籍市场的繁荣,直接推动了图书出版业的快速发展。在金代,藏书风气的高涨刺激了金人购买图书的欲望。时人就曾描述过这种购书热情高涨的场面:"水漫城根欲断时,不见向来佻达子,尽为市上买书儿。"③ 热爱藏书,就不惜节衣缩食,甚至罄其所有来购书。如怀州人许国,"少擢第,有能名。性闲澹,不锐仕进。居卢氏西山下,不赴调。数年后,召为南京丰衍库使。倾家赀市书,后告归"。④ 再如应奉翰林文字张邦直,"俄丁母艰,出馆,居南京,从学者甚重。束脩惟以市书,恶衣粝食,虽仕宦如贫士也。"⑤ 购书需求的增长要求市场提供更多的书籍参与图书买卖,进而带来了图书出版业的繁荣,重要表现之一即售卖图书商铺数量的增多。如金明昌年间张谦刻印的《新刊图解校正地理新书》不仅在"古唐、夷明、蒲阪

---

① 贺修铭:《文献生产的社会化及其管理》,长沙:湖南教育出版社1997年版,第31页。
② 王龙:《辽代藏书概述》,载《科技情报开发与经济》,2014年第19期,第150—153页。
③ 〔清〕张金吾:《金文最》,卷62《高平县宣圣庙上梁文》,北京:中华书局1990年版,第893页。
④ 〔金〕刘祁:《归潜志》,北京:中华书局1983年版,第45—46页。
⑤ 〔金〕刘祁:《归潜志》,北京:中华书局1983年版,第43页。

等处，前后印卖新书"，仅在山西平阳一处就有"数家印卖此书"，① 书籍市场之繁荣由此可见一斑。书籍市场的繁荣，不仅对图书出版业具有推动作用，更主要的是对文化传承与发展的重要作用。金代"平阳图书市场除了传统的经史类图书外，还有很多平话小说、戏剧唱本、年画及通俗实用的医书、类书。平阳的书坊把民间文艺创作编印成书，远销各地，对后代说唱文学和戏剧的发展产生了深远影响"②。

---

① 〔清〕张金吾：《金文最》，卷38《地理新书序》，北京：中华书局1990年版，第549页。

② 吴永贵主编：《中国出版史》（上），古代卷，长沙：湖南大学出版社2008年版，第330页。

第三章 辽金时期图书出版与中华民族共同体意识的发展

一、儒学典籍成为中华民族共同体意识形成的理论基石

中华民族共同体意识的形成是中国历史上各民族相互交往、共同努力实践的结果,"也就是说,中华民族共同体意识是长期以来中华各民族在共同历史实践中逐渐形成并发展的一体意识,是中国各民族对中华民族普遍的认同感和归属感"。① 辽金政权建立后,随着统治秩序的渐趋稳定和经济社会的发展,尚文崇儒成为辽金社会的一股风尚。贵族子弟"乐慕儒宗,谛信佛果,戚里推其孝悌,部下仰其宽仁",②"趋庭就傅,学诗礼以检身",成为一时风尚。③ 辽金历代帝王不但率先垂范,还对臣下有重要影响。如辽圣宗深谙汉文化的精髓,"道释二教,皆洞其旨;缕缕音声,特

---

① 暨爱民:《以文化认同铸牢中华民族共同体意识:逻辑机理与实践展开》,载《南京社会科学》,2023年第2期,第135—142页。
② 陈述辑校:《全辽文》,卷7,王寔:《耶律宗政墓志铭》清宁八年,北京:中华书局1982年版,第157页。
③ 陈述辑校:《全辽文》,卷5,郝云:《韩瑜墓志铭》统和九年,北京:中华书局1982年版,第99页。

所精彻"。还"亲以契丹字译白居易《讽谏集》召番臣等读之"。① 北宋陈襄出使辽以后也发现,辽朝皇帝(当为辽道宗)十分重视儒学,"观言其君好儒释二典,亦尝见仁宗皇帝《三宝藏》钦叹久之"。② 上行下效,辽帝的主观意愿也影响到了臣下。辽兴宗时重臣马保忠,发现皇帝"溺于浮屠"以致"朝政不纲",即大胆进谏说:"强天下者,儒道;弱天下者,吏道。今之授官,大率吏而不儒。崇儒道,则乡党之行修;修德行,则冠冕之绪崇。自今其有非圣帝明王孔孟圣贤之教者,望下明诏,痛禁绝之。"③ 同时,诵经习儒成为辽代社会各级各类教育的主要内容。《列女·邢简妻陈氏传》曾记载:"陈氏甫笄,涉通经义,凡览诗赋,辄能诵,尤好吟咏,时以女秀才名之。年二十,归于简,……有六子,陈氏亲教以经。"④

马克思曾经提出,"人们的观念、观点和概念,一句话,人们的意识,随着人们的生活条件、人们的社会关系、人们的社会存在的改变而改变,这难道需要经过深思才能了解吗?"⑤ 正因为崇尚儒家文化的社会风气逐渐形成,为这一时期中华民族共同体的建立奠定了坚实的理论基础。

> 中华民族内部各"族"共享着以儒家文化为核心的中华文明,并在持续的交往过程中相互影响、相互融合,形成了"你中有我,我中有你"的紧密关系。由此可见,这一"共同体"之间的共同性是在长

---

① 〔宋〕叶隆礼:《契丹国志》,卷7《圣宗天辅皇帝》,上海:上海古籍出版社1985年版,第71页。
② 陈襄:《神宗皇帝即位使辽语录》,见赵永春:《奉使辽金行程录》(增订本),北京:商务印书馆2017年版,第74页。
③ 〔宋〕叶隆礼:《契丹国志》,卷19《马保忠传》,上海:上海古籍出版社1985年版,第180页。
④ 〔元〕脱脱等:《辽史》,卷107《列女》,北京:中华书局2016年版,第1620页。
⑤ 《马克思恩格斯选集》第1卷,北京:人民出版社1972年版,第270页。

期的社会真实互动中逐渐培育的。①

（一）儒学典籍出版为儒学阅读创造了前提条件

早在4世纪初，契丹人就开始接触汉人，学习汉文化。② 如唐朝大将军李光弼是曾为契丹酋长李楷洛之子，李光弼"未冠，以将门子工于骑射，能读《左氏春秋》兼该太史公、班固之学"。③ 儒学作为汉文化的核心内容，必然会引起辽金的高度重视，儒家思想所具有的影响力也不断显现。辽南院枢密使邢抱朴和其弟邢抱质，"受经于母陈氏，皆以儒术显，抱质亦官至侍中，时人荣之"④ 耶律孟简被贬期间

> 作《放怀诗》二十首，自序云"禽兽有哀乐之声，蝼蚁有动静之形。在物犹然，况于人乎？然贤达哀乐，不在穷通、祸福之间。易曰：'乐天知命，故不忧'。是以颜渊箪瓢自得，此知命而乐者也。予虽流放，以道自安，又何疑耶"。⑤

辽金文人深受儒家思想的影响，在其作品中，字里行间都渗透着这种影响。如辽时萧铎卢斡"一日临流，闻雉鸣，三复孔子'时哉'语，作古

---

① 郝亚明、赵俊琪：《"中华民族共同体"：话语转变视角下的理论价值与内涵探析》，载《北方民族大学学报（哲学社会科学版）》，2018年第3期，第5—11页。
② 张正明：《契丹史略》，北京：中华书局1979年版，第1页。
③ 〔清〕董诰：《全唐文》，卷343，颜真卿：《李公神道碑铭》，北京：中华书局1983年版，第1831页。
④ 〔元〕脱脱等：《辽史》，卷80，列传10《邢抱朴》，北京：中华书局2016年版，第1409页。
⑤ 〔元〕脱脱等：《辽史》，卷104，列传34《文学下》，北京：中华书局2016年版，第1604—1605页。

诗三章见志。当时名士称其高情雅韵，不减古人"，① 辽金社会上下对儒家文化的青睐，必然会推动儒学典籍的出版，正如元好问所言："有天地，有中国。其人则尧、舜、禹、汤、文、武、周、孔；其书则《诗》《书》《易》《春秋》《论语》《孟子》。"② 反之，这些儒学典籍的大量出版，又为儒学阅读提供了便利条件，也是辽金社会各阶层人士了解儒家文化的主要途径。辽皇族耶律羽之"儒、释、庄、老之文，尽穷旨趣；书、算、射、御之艺，无不该通"。③ 熙宗"颇读《论语》《尚书》《春秋左氏传》及诸史、《通历》《唐律》乙夜乃罢"。④ 不仅如此，辽金各帝还要求皇族子弟乃至各级臣民广泛阅读儒学典籍。海陵王完颜亮对教授太子读书的张用直说："朕虽不能博通经史，亦粗有所闻，皆卿平昔辅导之力。太子方就学，宜善导之。朕父子并受卿学，亦儒者之荣也。"⑤ 金世宗大定二十九年（1189），"律科举人止知读律，不知教化之原，必使通治《论语》《孟子》涵养器度。"⑥ 泰和四年（1204），金章宗"诏亲军三十五以下令习《孝经》《论语》。"⑦ 因此，金代诗人张宇曾在《闲述二首》中有所感悟：

---

① 〔元〕脱脱等：《辽史》，卷93，列传23《萧迂鲁》，北京：中华书局2016年版，第1515页。

② 姚奠中主编，李正民增订：《元好问全集》（增订本），卷32《博州重修学记》，太原：山西古籍出版社2004年版，第672页。

③ 《耶律羽之墓志》，见向南辑注：《辽代石刻文续编》，沈阳：辽宁人民出版社2010年版，第3页。

④ 〔元〕脱脱等：《金史》，卷105，列传43《孔璠》，北京：中华书局1975年版，第2311页。

⑤ 〔元〕脱脱等：《金史》，卷105，列传43《张用直》，北京：中华书局1975年版，第2314页。

⑥ 〔元〕脱脱等：《金史》，卷9，本纪9《章宗一》，北京：中华书局1975年版，第210页。

⑦ 〔元〕脱脱等：《金史》，卷12，本纪12《章宗四》，北京：中华书局1975年版，第270页。

第三章 辽金时期图书出版与中华民族共同体意识的发展

"杨后一语崇经学,士子争相读四书。"① 文学家元好问也在《曲阜纪行十道》中道出了自己阅读儒学典籍的成长经历,"我昔入小学,首读仲尼居。百读百不晓,但有唾成珠。"②

辽金皇帝不但喜读儒学经典,还有自己的见解。大定十六年(1176)正月,金世宗与臣下议论古今兴废事时说:"经籍之兴,其来久矣,垂教后世,无不尽善。今之学者,既能诵之,必须行之。然知而不能行者多矣,苟不能行,诵之何益?"③ 当章宗还是金源郡王的时候,他喜欢阅读《春秋左氏传》。他听说移剌履学识渊博、知识全面,于是就向他请教自己不明白的问题。移剌履回答说:"左氏多权诈,驳而不纯。《尚书》《孟子》皆圣贤纯全之道,愿留意焉。"④ 当河水泛滥淹没曹州的时候,章宗又询问本族的儒臣称剌履:"《春秋》二百四十二年,不言河决,何也?"称剌履说:"《春秋》只是鲁史,所以鲜及他国事。"⑤ 以至于形成了社会上下对儒学典籍及其思想内容的热烈讨论,显宗寝殿小底驼满九住在看了女真文译本的《论语》后,便和进士完颜匡关于《论语》仁义问题进行讨论。

> 驼满九住问匡曰:"伯夷、叔齐何如人?"匡曰:"孔子称夷、齐求仁得仁。"九住曰:"汝辈学古,惟前言是信。夷、齐轻去其亲,不食周粟饿死首阳山,仁者固如是乎?"匡曰:"不然,古之贤者行其义也,行其道也。伯夷思成其父志以去其国,叔齐不苟从其父之志亦去其

---

① 薛瑞兆:《新编全金诗》,北京:中华书局2021年版,第1700页。
② 薛瑞兆:《新编全金诗》,北京:中华书局2021年版,第1867页。
③ 〔元〕脱脱等:《金史》,卷7,本纪7《世宗中》,北京:中华书局1975年版,第163—164页。
④ 〔元〕脱脱等:《金史》,卷95,列传33《张万公》,北京:中华书局1975年版,第2100页。
⑤ 〔元〕脱脱等:《金史》,卷95,列传33《张万公》,北京:中华书局1975年版,第2101页。

国,武王伐纣,夷、齐叩马而谏。纣死,殷为周,夷、齐不食周粟遂饿而死。正君臣之分,为天下后世虑至远也,非仁人而能若是乎。"①

后来显宗评价说:"不以女直文字译经史,何以知此。主上立女直科举,教以经史,乃能得其渊奥如此哉。"② 为了勉励九住的学习热情,显宗还教导说:"《论语》'知之为知之,不知为不知,是知也'。汝不知不达,务辩口以难人。由是观之,人之学、不学,岂不相远哉。"③ 由此可见,儒学典籍的出版与流通,直接推动了阅读儒学经典的社会风气兴起,以及对中原汉文化的向往与接纳,正所谓"故中朝声教,皆略知梗概,至若营井邑以易部落,造馆舍以变穹庐,服冠带以却毡毳,享厨爨以屏毛血,皆慕中国之义也"。④

(二) 儒学典籍阅读与传播是中华民族共同体意识萌发的催化剂

在中国古代没有中华民族和中华民族共同体概念,但是却有"华夷共祖""天下一家"自在的中华民族共同体意识,因此自在的中华民族共同体是在中国古代不断地孕育、发展着的,自在的中华民族共同体是一种潜在的、不外显但却是真实的存在,存在于中国古代社会。⑤

---

① 〔元〕脱脱等:《金史》,卷98,列传36《完颜匡》,北京:中华书局1975年版,第2164页。

② 〔元〕脱脱等:《金史》,卷98,列传36《完颜匡》,北京:中华书局1975年版,第2164页。

③ 〔元〕脱脱等:《金史》,卷98,列传36《完颜匡》,北京:中华书局1975年版,第2164页。

④ 赵永春:《奉使辽金行程录》(增订本),北京:商务印书馆2017年版,第22页。

⑤ 王文光、马宜果:《共同体与中华民族共同体研究述论》,载《思想战线》,2023年第3期,第40—51页。

第三章　辽金时期图书出版与中华民族共同体意识的发展

辽金时期各民族经过长期的交往交流交融，境内诸民族共同性日益增强，中华民族共同体意识不断强化。但这种共同体意识的萌发与发展并不是一蹴而就的，其间伴随着辽金统治者夷夏观的嬗变及大一统思想的形成，儒学典籍阅读与传播在其中发挥了重要作用。

受汉民族传统夷夏观念的影响，辽金统治者在建立政权前后的夷夏观没有多大改变，也自称为"夷"或"蕃"。辽会同四年（941），辽太宗伐晋之前，述律太后曾问辽太宗："使汉人为胡主，可乎？"太宗答曰："石氏负恩，不可容。"述律太后又曰："汝今虽得汉地，不能居也；万一蹉跌，悔之不及。"① 辽金统治者以能作为中原汉族为毕生愿望，《辽史拾遗》引晁以道《嵩山集》说："契丹主（耶律）洪基以白金数百两，铸两金佛像，铭其背曰：'愿后世生中国'。"② 金太祖在与宋徽宗的书信中称幽州一带"元是汉地汉民"，③ 理应归宋。完颜宗翰在攻陷汴京后对宋人说："天生华夷，自有分域，中国岂吾所据。"④ 特别典型的是曾在辽朝生活七年后逃归宋朝的胡峤的记述，他在《陷北记》中记载，契丹对他说："夷狄之人岂能胜中国？然晋所以败者，主暗而臣不忠。""子归悉以语汉人，使汉人努力事其主。无为夷狄所虏，吾国非人境也。"⑤ 这里需要注意的是，虽然辽金自认为有别于中原的汉民族，但并没有将自己视为"外族"，而是中国的一分子。天赞三年（924）六月，辽太祖曾在诏书中谈

---

① 〔宋〕叶隆礼：《契丹国志》，卷3《太宗嗣圣皇帝下》，上海：上海古籍出版社1985年版，第29页。
② 王云五主编，叶隆礼撰：《丛书集成初编·辽志》，卷10，厉鹗《辽史拾遗》，北京：商务印书馆1936年版，第181页。
③ 〔宋〕徐梦莘：《三朝北盟会编》，卷13《政宣上帙十三》，上海：上海古籍出版社2008年版，第93页。
④ 〔宋〕徐梦莘：《三朝北盟会编》，卷71《靖康中帙四十六》，上海：上海古籍出版社2008年版，第536页。
⑤ 〔宋〕欧阳修：《新五代史》，卷73《四夷附录第二》，北京：中华书局1974年版，第908页。

道:"圣主明主,万载一遇。朕既上承天命,下统群生,每有征得,皆奉天意……自我国之经营,为群方之父母。"① 这就为辽金夷夏观的转变奠定了重要心理基础。

随着儒学典籍的流通和辽金统治者对儒学典籍的阅读,辽金社会对以儒学为代表的中原文化进行了充分接纳与吸收,宋仁宗庆历四年(1044)六月,富弼在给皇帝的《河北守御十二策》中谈道:

> 自契丹侵取燕、蓟以北,拓跋自得灵、夏以西,其间所生豪英,皆为其用。得中国土地,役中国人力,称中国位号,仿中国官属,任中国贤才,读中国书籍,用中国车服,行中国法令,是二敌所为,皆与中国等。②

辽金统治者越来越重视从儒学典籍或中国历代王朝治国经验中吸取理政给养。辽圣宗"阅唐高祖、太宗、玄宗三纪"时,儒臣以得臣"乃录其行事可法者进之"③,劝谏圣宗用儒学治国理念治理国家。世宗曾问良弼说:

> "尧有九年之水,汤有七年之旱,而民不病饥。今一二岁不登,而人民乏食,何也?"良弼对曰:"古者地广人淳,崇尚节俭,而又唯农是务,故蓄积多,而无饥馑之患也。今地狭民众,又多弃本逐末,耕之者少,食之者众,故一遇凶岁而民已病矣'。"世宗表示赞同,并

---

① 〔元〕脱脱等:《辽史》,卷2,本纪2《太祖下》,北京:中华书局2016年版,第21页。
② 〔宋〕李焘:《续资治通鉴长编》,卷150《仁宗庆历四年》,北京:中华书局2004年版,第3640—3641页。
③ 〔元〕脱脱等:《辽史》,卷80,列传10《马得臣》,北京:中华书局2016年版,第1409页。

第三章 辽金时期图书出版与中华民族共同体意识的发展

"命有司惩戒荒纵不易生业者"。①

辽金统治者还把中国历史上的盛世作为治理国家的目标,儒臣裴满亨向金世宗谏:"陛下欲兴唐、虞之治,要在进贤,退不肖,信赏罚,薄征敛而已。"② 大定二十六年(1186),世宗本人还曾对臣下说:

> 朕尝历代任,稔知民间之事,想前代之君,虽享富贵,不知稼穑艰难者甚多,其失天下,皆由此也。辽主闻民间乏食,谓何不食乾腊,盖幼失师保之训,及其即位,故不知民间疾苦也。隋炀帝时,杨素专权行事,乃不慎委任之过也。与正人同处,所知必正道,所闻必正言,不可不慎也。③

在此基础上,儒学典籍的阅读,直接对辽金统治者夷夏观的形成产生了重要影响。首先是开始反对贵华夏轻夷狄、华夷不平等的观念,并力争加以改变。金完颜亮曾说:"朕(完颜亮)每读鲁论,至于'夷狄虽有君,不如诸夏之亡也'。朕窃恶之。岂非渠以南北之区分,同类之比周,而贵彼贱我也。"④ 在读《晋书·苻坚传》时,对史家没有把这个十六国时期杰出的氐族英雄、前秦皇帝列入"本纪"深感痛惜和不满,"废卷失声而

---

① 〔元〕脱脱等:《金史》,卷88,列传26《纥石烈良弼》,北京:中华书局1975年版,第1954页。

② 〔元〕脱脱等:《金史》,卷97,列传35《裴满亨》,北京:中华书局1975年版,第2143页。

③ 〔元〕脱脱等:《金史》,卷8,本纪8《世宗下》,北京:中华书局1975年版,第192页。

④ 〔宋〕徐梦莘:《三朝北盟会编》,卷242《炎兴下帙一百四十二》,上海:上海古籍出版社2008年版,第1740页。

叹曰:'雄伟如此,秉史笔者不以正统帝纪归之,而以列传第之,悲夫!'"①并以"天下一家,然后可以为正统"②为由对南宋发动具有统一战争性质的军事行动。辽圣宗时期的萧和尚曾作为使臣出使北宋,"使宋贺正,将宴,典仪者告,班节度使下",又送锦服给他让他做礼服,在一定程度上将其作为蕃部使臣对待,遭到了萧和尚的反对,"班次如此,是不以大国之使襄礼。且以锦服为贶,如待蕃部。若果如是,吾不预宴。"最后宋方不得不"易以紫服,位视执政,使礼始定"。③其次是将自己视为华夏的一分子,如辽道宗耶律洪基"尝有汉人讲《论语》至'北辰居其所而众星拱之'"时表达了不同的看法,认为"吾闻北极之下为中国,此岂其地耶?"等到侍臣"又讲至'夷狄之有君',疾读不敢讲"时又发表意见说:"上世獯鬻、猃狁荡无礼法,故谓之'夷'。吾修文物,彬彬不渝中华(中原地区、中原皇朝),何嫌之有?"所以"卒令讲之"④。章宗于明昌二年(1191)曾自责说,"卿等何罪,殆朕所行有不逮者。"大臣张万公上奏说"天道虽远,实与人事相通,唯圣人言行可以动天地。昔成汤引六事自责,周宣遇灾而惧,侧身修行,莫不修饬人事。方今宜崇节俭,不急之务、无名之费,可俱罢去。"由此章宗回答说"灾异不可专言天道,盖必先尽人事耳,故《孟子》谓王无罪岁。"⑤

受儒家文化的日益影响,辽金统治者夷夏观发生了质的飞跃,已不仅

---

① 〔宋〕徐梦莘:《三朝北盟会编》,卷242《炎兴下帙一百四十二》,上海:上海古籍出版社2008年版,第1740页。
② 〔元〕脱脱等:《金史》,卷129,列传67《佞幸》,北京:中华书局1975年版,第2783页。
③ 〔元〕脱脱等:《辽史》,卷86,列传16《萧和尚》,北京:中华书局2016年版,第1460页。
④ 〔宋〕叶隆礼:《契丹国志》,卷9《道宗天福皇帝》,上海:上海古籍出版社1985年版,第95页。
⑤ 〔元〕脱脱等:《金史》,卷95,列传33《张万公》,北京:中华书局1975年版,第2102页。

第三章 辽金时期图书出版与中华民族共同体意识的发展

局限于用夷变夏,而是进一步发展为华夷一家或华夷同风乃至大一统思想的形成,共同体意识日益清晰。在辽朝致宋的官方文书中,对于辽宋南北朝的格局就有"封圻殊两国之名,方册纪一家之美"① 的定位;辽道宗致宋神宗书中也说:"虽境分二国,克保于欢和;而义若一家,共思于悠永。"② 辽上京留守耶律赤狗儿曾言:"契丹、汉人久为一家",勾当兵马公事卢彦伦亦言:"番、汉之民皆赤子也"。③ 甚至宋朝使者彭汝砺亦称辽宋"华夷初一致,彼是两兼忘""南北生灵共一天"。④ 天辅七年(1123)金太祖曾下诏:"顷因兵事未息,诸路关津绝其往来。今天下一家,若仍禁之,非所以便民也。"⑤ 这显然是受了儒家"天下一家"观念的影响。等到了金熙宗时,在儒学典籍的影响下这种观念更加突出,曾"亲祭孔子庙……退谓侍臣曰:'朕幼年游佚,不知志学,岁月逾迈,深以为悔。孔子虽无位,其道可尊,使万世敬仰。大凡为善,不可不勉。'自是颇读《尚书》《论语》及《五代》《辽史》诸书,或以夜继焉",因此当皇统八年(1148)左丞相宗贤等人建议"州郡长吏当并用本国人"时,熙宗反驳说:"四海之内,皆朕臣子,若分别待之,岂能致一,谚不云乎,'疑人勿使,使人勿疑'。自今本国及诸色人,量才通用之。"⑥ 质言之,在熙宗看来,金统治区域内各民族都是天下一家,朝廷在选用人才时不应该有区

---

① 〔宋〕叶隆礼:《契丹国志》,卷20《晋表·关南誓书》,上海:上海古籍出版社1985年版,第191页。

② 〔宋〕叶隆礼:《契丹国志》,卷20《晋表·关南誓书》,上海:上海古籍出版社1985年版,第195页。

③ 〔元〕脱脱等:《金史》,卷75,列传13《卢彦伦》,北京:中华书局1975年版,第1716页。

④ 北京大学古文献研究所:《全宋诗》,北京:北京大学出版社1993年版,第10636页。

⑤ 〔元〕脱脱等:《金史》,卷2,本纪2《太祖》,北京:中华书局1975年版,第40页。

⑥ 〔元〕脱脱等:《金史》,卷4,本纪4《熙宗》,北京:中华书局1975年版,第85页。

分,而是要量才使用,华夷一家的思想观念跃然纸上。

尽管辽金统治者华夷一家思想观念形成有其各种原因,如有些研究者认为,对于辽朝统治者来说,是为了获得汉族人口对辽朝统治的认同,进而稳定辽朝的统治秩序,"使契丹族与汉族之间的心理和文化距离不断地接近,汉族传统的'华夷之辨'的意识也因此不断地消解,最终辽朝实现了对汉契一体观念的构建"。① 但是可以肯定地说,辽金这种华夷一体的思想观念所具有的价值是不可忽视的,正如有研究者提出:

> 与唐人站在华夏族团立场上强调"华夷一家"的"大一统"思想不同的,契丹是从少数民族的立场出发提倡"汉契一家",这一思想在推动中华民族共同体的形成中可谓起到了开创性作用。②

刘祁《寄答刘京叔》中也表达了同样的认识:"千古神州亦吾土,几时同采北山薇。"③ 这种大一统观念认知也开始向社会各层面辐射,影响日益深远,继而对中华民族共同体的形成发挥了重要作用,"从中国发展的历史过程来看,大一统观念是多民族中国文明没有中断的政治思想基础","大一统观念的实践,本质上是大一统国家和中华民族共同体建设的实践"。④

(三)儒学典籍是强化中华民族内聚性的重要凭借

中华民族形成的历史,也是中国历史上各民族交往交融的历史,在这

---

① 周路星:《文化、群体与认同:辽朝"汉契一体"观念的构建》,载《阴山学刊》,2019年第1期,第58—62页。
② 王宇佳:《宋辽交聘制度下"汉契一体"形成过程研究》,西南民族大学硕士论文,2022年。
③ 薛瑞兆:《新编全金诗》,北京:中华书局2021年版,第1583页。
④ 王文光、马宜果:《铸牢中华民族共同体意识研究的几个基本问题——以历史维度为中心》,载《云南大学学报(社会科学版)》,2023年第3期,第5—13页。

第三章　辽金时期图书出版与中华民族共同体意识的发展

个历史形成过程中形成了中华民族共同体意识,"中华民族共同体意识的形成是中国历史变迁的最终结果。从纵向的历史视角来看,中华民族共同体从自在到自为,中华民族共同体意识从自在到自觉,都离不开各民族之间的交往交流交融实践"。① 这个过程中所形成的内聚力又反向推动着中华民族的形成,"中国各民族间的关系从本质上看,是在漫长的历史进程中,经过政治、经济、文化诸方面愈来愈密切地接触,形成一股强大的内聚力"。② 辽金时期,北方各民族之间、北方各民族与中原汉民族之间的交往日益加深。各民族间的交流交往交融,推动形成了一股强大的内聚力,对中华民族的形成发挥了重要作用。

> 由于北方的统一逐步扩大,逐步进入中原,与中原的交往日益频繁紧密,逐渐形成一股强大的内聚力和向心力。这种内聚力和向心力的形成,使北方各族再也无法与中原各族分开了,最终促使全国大统一的实现。③

这一过程中,虽然辽金各民族政权与宋之间的和战关系不断变化,但从一定意义上讲,更加深了这种内聚性。"诸政权之间的战和关系,在本质上都展现出内聚性特征——'战'则是统一之战,'和'则是'君臣''叔侄'之和,始终处于'一个中华'的政治和文化语境之中。"④ 这种内聚性的产生与发展,很大程度上是源自对华夏文明的高度认同,其重要表

---

① 朱尉、周文豪:《中华民族共同体意识的内涵阐释与理论拓展》,载《中南民族大学学报(人文社会科学版)》,2021年第3期,第14—22页。
② 翁独健:《民族关系史研究中的几个问题》,载《中央民族学院学报》,1981年第4期,第42—43页。
③ 赵永春:《关于北方民族史研究的几个问题》,载《黑龙江民族丛刊》,2003年第3期,第61—64页。
④ 高福顺:《内聚性:辽宋夏金时期中国历史演进的核心动力源泉》,载《社会科学文摘》,2021年第10期,第94—96页。

现之一即各政权,特别是辽金政权都以华夏正统自居,这可以说与辽金统治者阅读汉文典籍特别是儒学典籍、吸取儒家文化息息相关。而"儒家文化由天人合一衍生出来的整体意识,具有强大的包容性、同化力、内聚力,对中华民族凝聚力的发展起了重要的促进作用"。①

辽金统治者以中国"正统"自居并非源自建立政权之初,而是随着接受汉文化程度的日益加深开始萌发并确立,这期间儒学典籍发挥了重要作用。在古代中国曾有得到秦始皇所做的传国玺才能被视为中国正统的说法,但辽初统治者还没有形成正统观念,入汴之初,太宗对于李重贵献玺一事未加重视。"这同他没有长居中原做皇帝的心思有关,同时也反映了当时辽人尚无中原帝王那种强烈的正统观念。"② 这种情况到了辽圣宗时得到改变,派人"驰驿取石晋所上玉玺于中京"。③ 为什么会发生这样的变化,笔者认为这与辽圣宗深爱儒学典籍并接受儒家思想有着直接关系。圣宗继位之初政治局势十分复杂,在这种情况下老臣室昉通过《无逸》以谏,希望"以周公培养成王为榜样,希望萧太后照此培养圣宗,以巩固辽政权"。④《无逸》是儒家经典《尚书》里《周书》部分的一篇,系统地反映了周公"明德""慎罚""保民"等儒家思想。从萧太后辅佐圣宗时期所推行的各项政策来看,萧太后正是利用这些儒家思想来教育和影响圣宗,因此圣宗深受儒家典籍和儒学影响是必然的,从而萌发正统思想也就不奇怪了。

从学界大多数研究者的观点来看,金政权对正统地位的关注与追求意

---

① 叶金宝:《儒家和谐思想的当代价值》,广州:广东人民出版社2006年版,第205页。
② 宋德金:《辽朝正统观念的形成与发展》,载《传统文化与现代化》,1996年第1期,第41—45页。
③ 〔元〕脱脱等:《辽史》,卷57,志26《仪卫志三》,北京:中华书局2016年版,第1016页。
④ 孟广耀:《儒家文化——辽皇朝之魂》,哈尔滨:哈尔滨出版社1994年版,第259页。

第三章 辽金时期图书出版与中华民族共同体意识的发展

识早在建立政权初就已经萌芽了。金太祖完颜阿骨打在请求辽王朝封册期间即对辽人自称"正统"之事有所认识和了解,以至于在金发动最后灭亡辽朝的战争时,金太祖下诏说:"辽政不纲,人神共弃,今欲中外一统。"①赵永春认为:

> 金太祖完颜阿骨打在这里所说的"中外一统"中的"外"应该是指辽朝,"中"无疑是指金朝。他所提出的"中外一统"的目标显然是要灭亡辽朝,以取代辽朝的"正统"地位。②

这种认识到了金太宗即位后有了进一步发展,天会四年(1126)金朝军队进攻到北宋东京城下,金人在给宋钦宗的国书中已明确写出了"今皇帝正统天下,高视诸邦"等词句,显然以中国"正统"自居了。

> 世界上亦有某等民族,他们不仅能创造出一套优秀的文化,而他们所创造的那一套文化,又能回头来融凝此民族,使此民族逐步绵延扩展,日久日大,以立于不败之地。这便是我中华民族之特质,亦即我中华文化之特征。③

毋庸赘述,承载着传统文化的儒学典籍对于辽金社会儒学化的进程发挥着非常重要的作用。"《孟子》在辽、金的传播,对于二朝教化的广施和

---

① 〔元〕脱脱等:《金史》,卷2,本纪2《太祖》,北京:中华书局1975年版,第36页。
② 赵永春等:《中国古代东北民族的"中国"认同》,哈尔滨:黑龙江人民出版社2015年版,第150页。
③ 钱穆:《民族与文化》,北京:九州出版社2011年版,第2页。

气度的涵养，对于推进二朝儒学化的进程，都发挥了重要作用。"① 以至于辽金典章制度的确立都受其影响，韩知古"总知汉儿司事，兼主诸国礼仪。时仪法疏阔，知古援据故典，参酌国俗，与汉仪杂就之，使国人易知而行"。② 因为有了儒家思想作为辽金时期统治者治国理政的指导思想，以及由此而形成的社会治理体系，必然会对辽金社会上下认同中原汉民族文化产生重要影响，特别是对中华民族共同体的形成，

> 其实从传统中国的意识形态、思想观念和价值体系，以及各民族交往交流交融、统一多民族国家建构的政治诉求不难发现，数千年历史变迁中共同的思想意识、价值观念的形成与共同的行为方式和目标指向的整合，处于最深层次的文化认同发挥了根本性作用，赋予中华民族共同体以持久凝聚力和蓬勃生命力，反映了中华民族共同体建设的本质要求。③

正是因为这种文化认同，形成了共同的民族心理，不断强化民族融合的内聚力量，"共同民族心理（包括民族认同心理）是团结本民族成员的重要的精神心理纽带，它对于一个民族与属于它的成员的关系来说，具有内聚性、向心性、自识性等特点"。④ 所以张岱年先生认为："汉代独尊儒术对于中国文化的发展确实有严重的影响，一方面，它加强了民族的内聚

---

① 周春健：《〈孟子〉在辽金时期的传播与影响》，载《中国哲学史》，2013年第1期，第26—31页。
② 〔元〕脱脱等：《辽史》，卷74，列传4《韩知古》，北京：中华书局2016年版，第1359—1360页。
③ 暨爱民：《以文化认同铸牢中华民族共同体意识：逻辑机理与实践展开》，载《南京社会科学》，2023年第2期，第135—142页。
④ 金炳镐：《民族理论与民族政策》，北京：中央广播电视大学出版社2012年版，第14页。

力,这是积极的作用。"① "儒家学说在历史上的巨大作用是加强了民族的内聚力。"② 因此我们可以认为,"正统观念的产生与发展,为契丹族与汉族等民族逐步融合成中华民族提供先决条件,对中华民族多元一体格局之形成有重要意义。"③ 其中文化典籍特别是儒学典籍对民族内聚性增强所具有的作用,是显而易见的。

经学思维模式作为中国先贤对待传统的一种特定的处事态度或方式,对中国传统学术文化的形成乃至民族精神的塑造具有双重意义。从积极的意义来看,中国古代思想家尊崇传统的价值取向,使得《易》《乐》《诗》《书》《礼》《春秋》等体现华夏民族精神意蕴的文化元典聚集着中国古老的伦理道德、思想智慧和艺术精神,能够一脉相传并历久弥新,使中华民族精神具有极强的内聚力。④

二、汉文典籍出版为中华民族通用语言文字的形成提供了物质支持

语言文字对于人类社会的发展可以说是贡献巨大,"有声语言在人类历史上是帮助人们脱离动物界、结成社会,发展自己的思维、组织社会生

---

① 张岱年:《中国人的人文精神》,哈尔滨:哈尔滨出版社 2021 年版,第 48 页。
② 张岱年:《中国人的人文精神》,哈尔滨:哈尔滨出版社 2021 年版,第 45 页。
③ 李蕊怡:《辽代"契汉一家"探微》,载《德州学院学报》,2021 年第 1 期,第 88—91、110 页。
④ 许宏:《中国高等教育理论研究中的科学意识探析》,武汉:华中科技大学出版社 2014 年版,第 106 页。

产、同自然力量作胜利的斗争并取得我们今天的进步的力量之一"。① 从中可以看出,语言文字也是人类社会各民族形成的重要力量。中华民族多元一体格局的形成与发展过程,也是历史上各民族相互交往中各自语言文字相互学习、相互影响的过程。在这一过程中,各少数民族通过借用汉族语言文字元素或创制了自己民族的文字,或作为民族间交往的主要工具,让汉族语言文字逐渐发展成为各民族之间较为普遍和通用的交际语言文字。而各少数民族对汉族语言文字的普遍使用,恰恰表明了他们对汉族语言文字乃至文化的认同与接受,这就加速了各少数民族与汉族、各少数民族之间的交流与融合,推进了中华民族的形成与聚合,从而建立起中华民族共同体。"民族语言对民族共同体的形成、演变和发展过程中具有至关重要的地位和作用,它是民族共同体形成、聚合及发展的前提和基础。"因为"民族语言是开启民族智慧宝库的钥匙,是传递民族情感、形成共同民族心理的桥梁。民族成员在共同的语言交往中交流思想、表达情感、传递经验、建构关系,从而建立、维系和巩固民族共同体"。② 图书典籍是承载语言文字的重要载体,对于语言文字的传播与使用范围有着深远的影响。中华文化既具有多样性的特征,也具有同一性和互补性特性,"多样性是各民族文化认同的基础,同一性是中华民族文化认同的基础。同一性特征主要表现在语言文字、法律和价值观层面"。③ 同样也说明了语言文字对统一文化形成的重要作用。因而,辽金时期是中华民族共同体形成的重要时期,这与大量汉文典籍的出版与流通,推动汉族语言文字逐渐成为同时期通用语言文字有着密不可分的联系。

---

① 〔苏〕斯大林:《斯大林文选》(下),北京:人民出版社1962年版,第553页。

② 李秀华:《语言·文化·民族:民族语言认同与民族共同体的建构》,载《西北民族大学学报(哲学社会科学版)》,2018年第2期,第7—12页。

③ 萧伟光:《中华文化生生不息的内生动力刍议——以言子为中心》,见陈颖主编:《言子思想的当代传承和价值》,扬州:广陵书社2021年版,第104页。

第三章　辽金时期图书出版与中华民族共同体意识的发展

辽金时期，汉族语言文字对于各民族间的相互往来发生着重要影响，对各民族间内聚力的产生发挥着重要作用。法国汉学家汪德迈在《新汉文化圈》一书中，对汉字与汉文化圈关系的概括颇中肯綮：

> 这一文化区域所表现的内聚力一直十分强大，并有其鲜明的特点。它不同于印度教、伊斯兰教各国，内聚力来自宗教的力量；它又不同于拉丁语系或盎格鲁-撒克逊语系各国，由共同的母语派生出各国的民族语言，这一区域的共同文化根基源自萌生于中国而通行于四邻的汉字。所谓汉文化圈，实际就是汉字的区域。①

首先表现就是契丹、女真等民族对汉文的学习与接纳。《宋朝事实类苑》卷三九《诗歌赋咏·使虏》载：

> 余尚书使契丹，能为胡语，契丹爱之。及再往，虏情亦亲。余作胡语诗云："夜筵没逻（侈盛也）臣拜洗（受赐也），两朝厥荷（通好也）情斡勒（厚重也）。微臣雅鲁（拜鲁也）视若统（福祐也），圣寿铁摆（崇高也）俱可（口勿反）忒（无极也）。"虏主举大杯，谓余："卿能道此，我为卿饮。"余复言之，虏主大笑，遂为酹觞。汉使记槃木白狼诗，汉语则协韵，夷语不谐，其实时人先作诗，乃反用夷语译出，不知余真夷语也。②

出于对汉族语言的认同，会讲汉话成为辽金统治者的首要之选，也取得了较大成效。《旧五代史》载：耶律阿保机"善汉语"，"德光本名耀屈

---

① 〔法〕汪德迈：《新汉文化圈》，陈彦译，南昌：江西人民出版社2001年版，第1页。
② 李锡厚、白滨：《辽金西夏史》，上海：上海人民出版社2003年版，第433页。

之，后慕中华文字，遂改焉"。① "金初未有文字。世祖已来健全条教。太祖即兴，得辽旧人用之，使介往复，其言已文。"② 对于金而言契丹文是其最早接触的文字之一，然后是汉文，从而开始了广泛学习，"女真初无文字，及破辽，获契丹、汉人，始通契丹、汉字，于是诸子皆学之"。③ 学习汉族语言文字随着辽金统治秩序的稳固，成为其维护政权统治的必要之举，并大力开始推广。《金史》卷八四《耨盌温敦思忠传》载："太祖伐辽，是时未有文字，凡军事当中复而应密者，诸将皆口授思忠，思忠面奏受诏，还军传至诏词，虽往复数千言，无少误。"④ 再如《金史选举志一·进士诸科条》中记载，"上（指世宗）曰：'契丹文字年远，观其所撰诗，义理深微，当时何不立契丹进士科举？今虽立女直字科，虑女直字创制日近，义理未如汉字深奥，恐为后人议论。'"⑤ 表达了世宗对使用汉族语言文字的高度重视。金朝在选任接伴、馆伴、送伴、客省使等官职时"必于女真、渤海、契丹、奚内人物白皙详缓能汉语者为之，副使则选汉儿读书者为之"⑥。明昌二年（1191）四月，"谕有司，自今女真字直译为汉字，国史院专写契丹者罢之"。⑦ 汉语言很快就成为辽金时期的通用语言，早在辽代，黄龙府（吉林农安）一带的多民族地区，汉语已成为各民族的通用

---

① 〔宋〕薛居正等：《旧五代史》，北京：中华书局2015年版，第2134页。
② 〔元〕脱脱等：《金史》，卷125，列传63《文艺上》，北京：中华书局1975年版，第2713页。
③ 〔元〕脱脱等：《金史》，卷66，本纪4《始祖以下诸子》，北京：中华书局1975年版，第1558页。
④ 〔元〕脱脱等：《金史》，卷84，列传22《耨盌温敦思忠》，北京：中华书局1975年版，第1881页。
⑤ 〔元〕脱脱等：《金史》，卷51，列传32《选举一》，北京：中华书局1975年版，第1141页。
⑥ 赵永春：《奉使辽金行程录》（增订本），北京：商务印书馆2017年版，第220页。
⑦ 〔元〕脱脱等：《金史》，卷9，本纪9《章宗一》，北京：中华书局1975年版，第218页。

第三章 辽金时期图书出版与中华民族共同体意识的发展

语言。"凡聚会处,诸国人言语不通,则各为汉语以证,方能辨之。"① 显然,在一段时期内汉族语言仍和辽金民族语言并行,正如清太宗所言:

> 昔金熙宗、完颜亮变易祖宗衣冠制度,循汉人之俗,服汉人衣冠,尽忘本国言语迨至世宗,始复旧制,凡言语衣服及骑射之事,时谕子孙勤加学习。如王孙元王判大兴府,遇汉人讼事,以汉语讯之;遇女直人讼事,则以女直语讯之。世宗以其未忘女直之言,甚为嘉许。②

但久而久之,少数民族语言开始淡出历史舞台,这已经是大势所趋。大定二十五年(1185),世宗又说:"大抵习本朝语为善,不习,则淳风将弃。"③ 同一年,完颜璟(后来的章宗)由金源郡王晋封为原王,判大兴府事。完颜璟入以女真语谢,世宗大喜,且为之感动,并对宰臣说:"朕偿命诸王习本朝语,惟原王语甚习,朕甚嘉之。"④ 可见,女真贵族中普遍使用汉语作为交际工具,女真语已很少使用了。

伴随讲汉语群体的不断扩大,辽金统治者开始利用汉文字中的有益元素创制本民族的文字。叶隆礼《辽志》曾记载:"其无礼顽嚣,于诸夷最甚。其风俗与奚靺鞨颇同。至阿保机,稍并服诸小国而用汉人。汉人又教之以隶书,半增损之,作文字数千,以代刻木之约。"⑤ 女真人一直以来并

---

① 赵永春:《奉使辽金行程录》(增订本),北京:商务印书馆2017年版,第219页。

② 〔清〕王先谦撰:《清东华录全编2》,崇德二,北京:学苑出版社2000年版,第135页。

③ 〔元〕脱脱等:《金史》,卷8,本纪8《世宗下》,北京:中华书局1975年版,第191页。

④ 〔元〕脱脱等:《金史》,卷9,本纪9《章宗一》,北京:中华书局1975年版,第208页。

⑤ 〔明〕陶宗仪:《说郛》,卷86,叶隆礼《辽志》,上海:商务印书馆1927年版,第4页。

文化认同视阈下辽金时期图书出版楔入北方文化融合进程研究

无自己的文字,生活当中多用契丹字。"金人初无文字,国势日强,与邻国交好,乃用契丹字。"① 取代辽朝后,随之而来的是女真民族自主意识的觉醒,女真人要创建本民族文字,改变借用外族文字的状况。因此,收国元年(1115)建立政权后,首要问题就是创建本民族的文字,天辅三年(1119)完颜希尹依据汉字与契丹字的偏旁创制女真字。同时,辽金的文字对汉族文字的发展也产生了影响。"双方的语言文字也有交流,如汉语中的'乣'字,原本是契丹大字,后来被汉字借用了。"② 新语言的产生,也为图书典籍的出版与流通提供了重要的历史契机,进一步扩大了少数民族接触汉文化的范围与程度。借助其他语言的认知系统可以对源语文化进行更深入的参照和比较,新语言的使用也必然促成典籍新版本的出现,文化的样态上也可以得到进一步的丰富和发展;另外,借助于新语言,典籍及其文化的传播便能推向更多的领域、更广阔的空间,以影响更多的接受者。③

尽管辽金创制了自己的语言文字,但并没有影响汉语言成为辽金各民族的通用语言文字,金章宗完颜璟在进士完颜匡、司经徐孝美的教授下,"始习本朝语言小字,及汉字经书"④,而其父显宗皇帝则让完颜匡"每日先教汉字,至申时汉字课毕,教女直小字,习国朝语"⑤。以至于辽金时期出版的图书典籍仍以汉文为主,更加推动了汉族语言文字的普及。辽朝

---

① 〔元〕脱脱等:《金史》,卷73,列传11《完颜希尹》,北京:中华书局1975年版,第1684页。
② 任崇岳:《宋代中原文化与契丹、女真文化的交流与融合》,见《民族史研究》(第三辑),北京:民族出版社2002年版,第160—172页。
③ 李志凌:《汉语典籍对外传播理论探究》,北京:中央民族大学出版社2016年版,第105页。
④ 〔元〕脱脱等:《金史》,卷9,本纪9《章宗一》,北京:中华书局1975年版,第207页。
⑤ 〔元〕脱脱等:《金史》,卷98,本纪36《完颜匡》,北京:中华书局1975年版,第2163页。

第三章 辽金时期图书出版与中华民族共同体意识的发展

"番、汉官子孙，有秀茂者，必令学中国书篆，习读经史"。① 耶律蒲鲁"甫七岁，能诵契丹大字。习汉文，未十年，博通经籍。重熙中，举进士第。……应诏赋诗，立成以进"。② 汉文典籍的出版与流通又推动了汉语言文字成为通用语言文字。正如清人庄仲方说："金初无文字也，自太祖得辽人韩昉，而言始文。太宗入宋汴州取经籍图书，宋宇文虚中、张斛、蔡松年、高士谈辈后先归之，而文字煨兴。"③ 这段论述虽然是想表达金代思想与文化是在宋代的基础上发展而来的，但也从侧面反映了汉文典籍对汉语言文字传播的影响与作用，对此我们应该给予充分重视。因为

> 具有文字的语言对没有文字的语言就具有了巨大的优势，因为最重要的文化典籍都用文字记载了，其他人民就必须学习具有文字的语言了。即便其他民族的语言也创建了自己的文字，拥有更多书面化文化典籍的语言仍然具有优势，因为人们感到有必要学习这些语言以获取掌握这些典籍的能力。④

辽金各民族掌握了汉族语言文字后，对中华民族内聚性的形成具有重要作用，如有学者认为，辽朝境内各民族尤其是契丹民族以汉语为载体进行创作，拉近了各民族精神文化心理距离，在中华古典文学的濡染下，在

---

① 赵永春：《奉使辽金行程录》（增订本），北京：商务印书馆2017年版，第164页。
② 〔元〕脱脱等：《辽史》，卷89，列传19《耶律庶成》，北京：中华书局2016年版，第1487页。
③ 任继愈：《中华传世文选·金文雅》，长春：吉林人民出版社1998年版，第107页。
④ 褚孝泉：《世界强势语言的产生》，上海：复旦大学出版社2016年版，第66页。

文学中涵养共同的精神气质和素养，不断融合、凝聚。① 体现语言文字在民族融合、凝聚过程中的作用，而以语言文字为基本元素所建构的中国历史文化对中华民族的历史作用就显而易见了。习近平总书记在纪念孔子2565周年诞辰国际学术研讨会暨国际儒学联合会第五届会员大会开幕会上的讲话强调：

> 从历史的角度看，包括儒家思想在内的中国传统思想文化中的优秀成分，对中华文明形成并延续发展几千年而从未中断，对形成和维护中国团结统一的政治局面，对形成和巩固中国多民族和合一体的大家庭，对形成和丰富中华民族精神，对激励中华儿女维护民族独立、反抗外来侵略，对推动中国社会发展进步、促进中国社会利益和社会关系平衡，都发挥了十分重要的作用。②

三、图书典籍成为维系中华民族共同体意识发展的精神纽带

中国作为一个统一的多民族国家，其形成的过程是多民族之间相互交往交流交融的过程。包括汉民族在内的多民族之间的交流与交往，不仅促进了各民族经济的发展和社会的进步，而且对促进中华民族共同体意识的产生与发展也具有重要作用。中华民族共同体意识的产生及发展，是建立在诸如对大一统思想的认可、对正统思想的追求、家国天下的社会责任感等基础之上的，如学者所言："中华民族共同体拥有共同的历史叙事和历

---

① 杨建中：《民族融合视野下辽朝对中华民族共同体形成的推动和建设研究》，内蒙古科技大学包头师范学院硕士论文，2022年，第54页。
② 习近平：《在纪念孔子诞辰2565周年国际学术研讨会上的讲话》，https://www.gov.cn/xinwen/2014-09/24/content_2755592.htm（访问时间：2022年3月22日）。

第三章　辽金时期图书出版与中华民族共同体意识的发展

史记忆，是建立在频繁的经济联系、密切的文化交流、共享的政治价值和制度基础之上的经济、文化和政治的共同体。"① 其中与图书事业的发展、图书典籍的编撰出版密不可分，"中原典籍对周边的辐射，对中华民族共同体的形成起了凝聚的作用"。② 辽金时期也不例外，至少可以体现在以下三个方面。

（一）史学典籍的编撰出版凝聚了共同的历史记忆

"中华民族共同体"概念是基于中华民族形成的历史进程而提出的。

> 是以中华民族的孕育、嬗变与发展的历史为基础的，离开了中华民族上下数千年的发展历史作为依据和支撑，"中华民族共同体"的理论探讨与实践过程都会成为"空谈"或"假想"。③

辽金时期既是北方各民族交往交融发展的重要时期，也是中华民族共同体意识发展关键阶段，这一时期史学典籍的编撰与出版，不仅体现了对传统史学典籍的认同与传承，也把辽金历史作为中华民族历史不可分割的一部分写入史书，对凝固辽金的中华民族的共同体意识具有重要作用。

> 某一民族或某一地区即使是没有文字记载的历史，也完全可能见于其他民族或地区的历史记载之中，在中国尤其是存在于汉文历史典

---

① 郝亚明、赵俊琪：《"中华民族共同体"：话语转变视角下的理论价值与内涵探析》，载《北方民族大学学报（哲学社会科学版）》，2018年第3期，第5—11页。

② 杨义：《中国古典文学图志》，北京：生活·读书·新知三联书店2006年版，第525页。

③ 张会龙、夏斌斌：《中华民族共同体研究：学科视角、主要议题与未来瞻望》，见张会龙、廖惟春、周兴妍：《创新基层治理的兰坪实践：理论探索与经验总结》，昆明：云南大学出版社2022年版，第3页。

籍中，这些文献都具有相当重要的参考价值。①

辽政权建立之初，就对史书编纂给予了高度重视，依照中原政权的文翰制度设立了"林牙"和"监修国史"等职官。② 出于辽朝文化事业发展和资政的需要，把中原已有的史学典籍翻译成本民族文字以供借鉴，"又诏译诸书，韩家奴欲帝知古今成败，译《通历》《贞观政要》《五代史》"，③ 既体现了民族融合在文化上的体现，也为保存中原传统史籍文献做出了贡献。同时，辽朝还重视编纂当代历史，萧韩家奴在重熙年间受皇帝之命"与耶律庶成录遥辇可汗至重熙以来事迹，集为二十卷，进之"。④ 耶律庶成"偕林牙萧韩家奴等撰实录及礼书"。⑤ 耶律谷欲"奉诏与林牙耶律庶成、萧韩家奴编辽国上世事迹及诸帝实录"。⑥ 这一系列事件既是民族文化融合的具体体现，同时也将对中华民族共同体的认同转化为历史记忆，永久地保存在史籍之中。

金统治者对资政类史学书籍非常重视，除直接参阅现有的史学典籍外，还让儒臣们续编或仿照编纂。世宗时常阅读《资治通鉴》，卫绍王时期"诏儒臣编《续资治通鉴》"。⑦ 哀宗正大初，赵秉文任同修国史一职，

---

① 石兴邦：《长安学丛书·石兴邦卷》，西安：三秦出版社2011年版，第21页。
② 〔元〕脱脱等：《辽史》，卷76，列传6《耶律鲁不古》，北京：中华书局2016年版，第1375页。
③ 〔元〕脱脱等：《辽史》，卷103，列传33《文学上》，北京：中华书局2016年版，第1598页。
④ 〔元〕脱脱等：《辽史》，卷103，列传33《文学上》，北京：中华书局2016年版，第1598页。
⑤ 〔元〕脱脱等：《辽史》，卷89，列传19《耶律庶成》，北京：中华书局2016年版，第1485页。
⑥ 〔元〕脱脱等：《辽史》，卷104，列传34《文学下》，北京：中华书局2016年版，第1605—1606页。
⑦ 〔元〕脱脱等：《金史》，卷13，本纪13《卫绍王》，北京：中华书局1975年版，第292页。

第三章 辽金时期图书出版与中华民族共同体意识的发展

认为皇帝继位之初,常阅经史有所收益,"以上嗣德在初,当日亲经史以自裨益",因此编纂《无逸直解》《贞观政要》《申鉴》各一通进呈。① 正大二年(1225)"诏赵秉文、杨云翼作《龟鉴万年录》"。② 同辽一样,金对获取的中原现有的史学典籍也进行翻译出版,翻译的史书大致有《唐史》《贞观政要》《白氏策林》《新唐书》《诸葛孔明传》《春秋》《史记》《史记译解》《西汉书译解》等。③ 金朝也相当重视本民族历史的记录,虽然其动机有所不同,"撰修祖宗实录,自然不是为修史而修史,其最终目的,还是在于通过修史来证明女真族统治的天然合法性"。④ 但却为以后王朝追述女真族历史提供了重要范例。另外,金代史籍编撰活动还有一个比较引人注目的是《辽史》的修纂。金灭亡辽朝,前后修两次《辽史》。第一次始于熙宗朝,命耶律固为编修官,耶律固修《辽史》未成,又由其弟子萧永祺继续修纂,史称萧永祺《辽史》。金这次修《辽史》是按照历代正史的体例编写的,纪、传、志皆全,有纪30卷、志5卷、传40卷,这应该是金代纪传体史书修纂的开端。第二次开修《辽史》是在大定二十九年(1189),至泰和七年(1207)完成的。且不论金代修《辽史》的最终结果如何,但就其修纂目的和过程本身就表明,金代继承了为被灭亡朝代修史的传统,为续写中华民族的共同历史记忆做出了巨大努力。这一做法又为同为少数民族政权的元代所继承,为中华民族历史的书写增添了重彩之笔,也是自视为中华民族一分子的彰显。

---

① 〔元〕脱脱等:《金史》,卷110,列传48《赵秉文》,北京:中华书局1975年版,第2428页。

② 〔元〕脱脱等:《金史》,卷17,本纪17《哀宗上》,北京:中华书局1975年版,第377页。

③ 李西亚:《金代图书出版研究》,北京:中国社会科学出版社2015年版,第65页。

④ 崔文印:《金代在史学上的成就》,载《史学史研究》,1983年第3期,第65—73、45页。

（二）各类典籍的编纂出版丰富了中华文化的内容

辽金时期编纂出版的图书种类均较为丰富，但通过对比后可以看出辽代图书出版中比较引人注目的是佛经的刊刻，金代较之更加丰富，经史子集等各类典籍的编纂、翻译及刻印数量方面都较为可观。① 虽然辽代出版的图书数量比金代少，但从文化发展水平来看，辽国和西夏都已经相当程度地吸收融合了中国传统文化。辽国和西夏的知识分子所接受的教育，也是中国传统的典籍。② 这与辽建立政权之初起用大量汉人有着密切关系，"辽廷多用汉人，诸帝皆通汉学，辽族亦多好文学"。③ 辽对中原文化接受的范围之广与程度之深就可想而知了，所以苏轼也认为辽"朝廷之仪，百官之号，文武选举之法，都邑郡县之制，以至于衣服、饮食皆取中国之象"。④ 因此中原典籍所承载的"中华文化在辽朝的广泛传播，为辽朝各民族奠定了共同的心理基础，各民族汇入正在形成和前行的中华民族共同体航道，并壮大、丰富了这条航道"。⑤ 但也不能忽视辽代文化对中原汉文化的接纳与本民族文化的传承，二者融合之后的文化形态共同促成了中华文化的绚烂多彩，有学者通过梳理契丹、党项"中国"认同的产生过程就发现，"汉化是这些民族发展的主流，与此同时它也保留了相当部分的自身文化，从而形成了一种以汉文化为主体文化并保留和吸收自身传统文化在内的中国文化"。⑥

---

① 杨卫东、李西亚：《辽朝与金朝图书出版发展的比较研究》，载《北方文物》，2019年第2期，第92—96、101页。

② 许倬云：《说中国一个不断变化的复杂共同体》，桂林：广西师范大学出版社2015年版，第128页。

③ 钱穆：《国史大纲》，北京：商务印书馆1996年版，第515—516页。

④ 苏轼：《东坡应诏集》，北京：端方重刊明成化本1968年版，第51页。

⑤ 杨建中：《民族融合视野下辽朝对中华民族共同体形成的推动和建设研究》，内蒙古科技大学包头师范学院硕士论文，2022年，第60页。

⑥ 赵永春：《关于中国古代华夷关系演变规律的理性思考——华夷关系的历史定位、演变轨迹与文化选择》，载《学习与探索》，2012年第1期，第148—156页。

第三章　辽金时期图书出版与中华民族共同体意识的发展

金代图书出版事业发展较为繁盛，根据相关学者的研究统计，金代仅就子部典籍而言就修纂了224部，约占金代图书出版总量的37%。① 在这些子部书籍中，医书和全真教典籍的编纂数量占有的比重要更高一些，也丰富了中国历史上医学理论和宗教理论研究，自然也丰富了中华民族文化的内容，有如学者所讲，"金代文化同中原文化具有内在的一致性，是中华民族文化的重要组成部分。"② 与子部典籍相比，金代集部典籍的编纂数量也比较大，这一方面与辽宋文人参与创作有直接关系，另一方面也体现了辽宋文人对金政权的政治认同，即把金政权也视为了"中国"。这种认识中所包含的"大一统"思想对于中华民族共同体的形成发挥着重要作用，"大一统的思想，三千年来浸润着我国人民的思想感情，这是一种凝聚力。这种力量的源泉，不是狭隘的民族观念，而是内容丰富，包含政治经济文化各种要素在内的实体。而文化的要素更占有重要地位"③。所以不能认为这种"大一统"思想认识仅是金代统治阶级的个别想法，如完颜亮在政治抒情诗《南征至维扬望江左》所表达的"万里车书尽会同，江南岂有别疆封？提兵百万西湖上，立马吴山第一峰"④。也是金代文人群体在经历了局势变迁与政治权衡之后在文化心理上的选择，也为中华民族文化接续发展做出了重要贡献。"文化是民族的灵魂，是维系国家统一和民族团结的精神纽带。"⑤ 而独具特色的语言文字，浩如烟海的文化典籍等"共同构成了中国文化的基本内容"。⑥ 因此辽金时期图书典籍的编辑出版不仅仅

---

① 李西亚：《金代图书出版研究》，北京：中国社会科学出版社2015年版，第66页。
② 薛瑞兆：《金代艺文叙录》，北京：中华书局2014年版，第23页。
③ 杨向奎：《大一统与儒家思想》，北京：北京出版社2016年版，第296页。
④ 薛瑞兆：《新编全金诗》，北京：中华书局2021年版，第199页。
⑤ 张力均：《清代八旗蒙古汉文著作家政治思想研究》，沈阳：辽宁民族出版社2007年版，第160页。
⑥ 张岱年、方克立：《中国文化概论》，北京：北京师范大学出版社1994年版，第9页。

是丰富了中华民族的文化内涵,推动形成了中华民族多元一体的文化格局,"中国历史上的王朝更替,或少数民族入主中原建立新王朝和北人南渡,这个过程就是中华民族共同体的形成过程,也是中华民族多元一体的文化格局形成的过程"。① 更成为巩固中华民族共同体的重要物质基础,即如美国学者本尼迪克特·安德森所指出的图书典籍在形成民族共同体方面的作用一样,"这些被印刷品所联结的'读者同胞们',在其世俗的、特殊的和'可见之不可见'当中,形成了民族的想象的共同体的胚胎"。②

(三)图书典籍的出版营造了各民族共有的精神家园

> 精神家园是一个民族在文化认同基础上产生的文化寄托和精神归属,是一个民族经过长期的历史积淀所形成的特有的传统、习惯、风俗、精神、心理、情感等……中华民族共有精神家园是我国56个民族共同塑造的,是各民族在继承民族传统文化的基础上通过不断创新而形成的,绝不仅仅是作为主体民族的汉族所独有。③

对于中华民族而言:

> 共有精神家园的形成主要依靠两方面:一是共同的历史记忆;二是共享的中华文化。共同的历史记忆是精神纽带得以形成的催化剂,共享的中华文化是精神家园得以构筑的支撑。④

---

① 陈先达、臧峰宇:《从历史深处走来——马克思主义哲学谈话录》,石家庄:河北人民出版社2022年版,第108页。
② 〔美〕本尼迪克特·安德森:《想象的共同体:民族主义的起源与散布(增订版)》,吴叡人译,上海:上海世纪出版集团2011年版,第43页。
③ 高永久、陈纪:《论中华民族共有精神家园的内涵与价值核心》,载《科学社会主义》,2008年第2期,第75—77页。
④ 郝亚明、赵俊琪:《"中华民族共同体":话语转变视角下的理论价值与内涵探析》,载《北方民族大学学报(哲学社会科学版)》,2018年第3期,第5—11页。

第三章　辽金时期图书出版与中华民族共同体意识的发展

图书典籍凝聚着各民族的历史记忆，更是记录文化成果的重要载体。辽金时期图书出版事业的不辍发展，大量图书典籍的出版与流通，不仅成为中华文明持续重要表征，对于维系中华民族共同体意识的巩固也具有不可低估的作用。

辽金建立政权前后，对搜集图书典籍高度重视，为图书出版事业发展奠定了基础。辽在与北宋的战争中，将搜集到的图籍以及图书出版相关的雕刻工人一并运送到上京，"太宗入汴，取晋图书、礼器而北"，[①] "晋诸司僚吏、嫔御、宦寺、方技、百工、图籍、历象、石经、铜人、明堂刻漏、太常乐谱、诸宫县、卤簿、法物及铠仗，悉送上京"。[②] 金对辽宋战争之初，即把收集图籍、刻板作为重要目标之一，确定了"征索图书"[③] "拘收文籍"[④] 的策略。天辅五年（1121），金对辽发动全面攻势时，太祖特别下诏"若克中京，所得礼乐仪仗图书文籍，并先次津发赴阙"[⑤]。因此，赵翼在《瓯北诗话》中记载说："宋南渡后，北宋人著述有流播在金源者，苏东坡、黄山谷最盛。"[⑥] 中原地区的大量图书典籍为辽金所获取。辽金对图书典籍的重视与收集，不仅对辽金时期图书出版事业具有重要推动作用，对于同一时期文化事业的发展更是功不可没，所以学者谈及这一问题时均给予了充分肯定与赞扬。

---

① 〔元〕脱脱等：《辽史》，卷103，列传33《文学上》，北京：中华书局2016年版，第1593页。

② 〔元〕脱脱等：《辽史》，卷4，本纪4《太宗下》，北京：中华书局2016年版，第64页。

③ 〔金〕刘祁：《归潜志》，卷12，辨亡，北京：中华书局1983年版，第135页。

④ 〔宋〕徐梦莘：《三朝北盟会编》，卷7《靖康中帙四十六》，上海：上海古籍出版社2008年版，第538页。

⑤ 〔元〕脱脱等：《金史》，卷2，本纪2《太祖》，北京：中华书局1975年版，第36页。

⑥ 赵翼：《瓯北诗话》，霍松林、胡主佑校点，北京：人民文学出版社1963年版，第180页。

> "收图籍""纳降人"使文化之泉源，日益畅大，斯正金人伐宋之真成功焉。是故三馆之图书入，而"文风丕变"；道释经藏之镂板入，而文学之传播乃宏；倡优说话之人入，而平民文学之根苗种；太学博士之衣冠入，而明道传经之思想定矣。孰谓金人之所获，仅图书数车而已哉？仅降臣十余辈而已哉？①

承载着中原文化的汉文图书典籍的直接作用，是使辽金原有的文化形态发生了重大改变，但在其过程中本民族的特色依然部分地存在。

> 宋朝内部开明人士之所以认同契丹、党项能够作为"中国"的一员，不仅在于其实施了汉化政策，效仿了中原地区的典章与礼制；还在于二者在国家治理和发展方面所取得的巨大成就，即所谓有"中国不及"之处。也意味着"中国"已逐渐不再意味着单纯"汉化"，而是认可了在接受汉族先进文化的同时保持自身优势特色的选择。②

但辽金民族与汉民族的主观精神文化却日益趋同。

> 两种形态传统文化相互影响：那种典籍、文物、文艺作品等形态文化，总是在不断地影响、塑造着人的主观精神文化；表现为思维方式、文化心理、价值观念等主体化的文化形态，亦在不断地重新解读、解构着客体化的文化形态。③

---

① 毛汉：《书金史文艺传"收图籍""得宋士"事》，载《学风》，1935年第8期。

② 袁琮蕊、于涌泉：《论辽宋时期中华民族共同体的建构》，载《西北民族大学学报（哲学社会科学版）》，2021年第6期，第69—77页。

③ 岳山岳：《"六书"与中国传统文化》，上海：上海三联书店2008年版，第5页。

第三章 辽金时期图书出版与中华民族共同体意识的发展

契丹、女真等少数民族也开始以汉族文化中的核心概念来解读民族之间的相互交往及民族间的相互关系。许亢宗在《奉使录》中的一段记载即可说明:

> 金国每赐宴,必贵臣押伴。是押伴贵臣备酒,辄大言说:"金国之强,控弦百万,无敌于天下。"使长折之曰:"宋有天下二百年,幅员三万里,劲兵百万,岂为弱耶?某衔命运来贺大金皇帝登宝位,大金皇帝止令太尉来伴行人酒食,何尝令大言以相罔也?"辞气俱厉,押伴者气慑。及赐宴毕,例有谢表曰:"只造邻邦。"中使读之曰:"使人轻我大金也,表辞不当用邦字。《论语》云:'蛮貊之邦'。使长正色而言曰:"《书》不云乎,协和万邦;《诗》不云乎,周虽旧邦,皆邦字。而中使止诵此一句以相问。表不可换,须到关,当与读书人理会,中使无多言。"①

可见,以中原文化为基础的各民族共有的精神家园逐渐被营建起来,也大大推动了中华民族这个多民族国家的形成与巩固。

> 自战国秦汉以来,中国这个统一的多民族国家,参加的民族成员虽然在各个不同的历史时期有多有少,有先有后,但随着历史的前进和社会的发展,各个民族成员已经逐渐融合为一体,形成伟大的中华民族而屹立于世界民族之林。②

---

① 〔清〕顾炎武撰,黄坤校点:《天下郡国利病书》,北直隶备录下,上海:上海古籍出版社2022年版,第389页。
② 林幹:《中国古代北方民族史新论》,呼和浩特:内蒙古人民出版社2007年版,第6页。

第四章　从辽金时期图书出版透视北方文化融合进程

文化融合是指两个对等的民族或其族群的文化通过相互接触、交流、吸收、融合，最终形成一个新的共同体。辽金时期的北方民族文化融合主要指辽、金少数民族政权治下各民族之间的文化相互交流、交融。在辽、宋、西夏、金这一多政权共存的历史时期，北方少数民族的文化与中原文化相互交融，各民族的文化融合对北方的艺术、文学、哲学等方面都有着深刻的影响，形成了独特的辽、金文化，为我国文化的多元化发展做出了重要贡献。

一、从汉文书籍与少数民族文字典籍的出版透视各民族语言文化的融合

辽金作为少数民族建立的政权，在与先进文化接触之后，一方面积极利用汉文化来提升本民族的素质，在积极吸纳汉文化的同时一直努力保持着本民族的独立意识，对汉文化是选择性地吸收，而不是一味完全地汉化，对本民族文化也并不全盘否定，因此，汉文化与少数民族文化的互相影响是这一时期民族融合的重要特征。辽金时期北方各民族文化的融合从语言文字的创制与使用开始，逐渐过渡到利用这些语言文字进行信息的传递与作品的创作，再过渡到以文字的形式形成书籍进行文化传播。因此，

第四章　从辽金时期图书出版透视北方文化融合进程

辽、金的图书反映了北方各民族文化融合的进程。

(一) 汉字影响下契丹字与女真字的创制

契丹与女真族在建立政权之前都没有本民族文字，语言文字作为民族的主要特征是契丹与女真族成为统治民族后必须具备的素质。因此，辽、金政权在建立之初，文化建设的首要任务就是创制本民族文字。契丹与女真族文字的创制一方面是少数民族自主自立的标志，同时也是与其他民族文化，特别是汉族文化相融合的体现。

1. 辽朝契丹字的创制与使用

契丹族建立了自己的民族王朝后，就着手创制自己的文字。《辽史·太祖纪下》："神册五年（920）春正月乙丑，始制契丹大字……（九月）壬寅，大字成。诏颁行之。"契丹字的创制是汉文化与契丹文化融合的重要进程之一。参与创制契丹字的人选中有汉人，也正是在汉人的帮助之下，才完成了契丹字的创造。最早记载契丹字的汉文史书《五代会要》载：契丹本无文字，惟刻木为信。汉人之陷番者，以隶书之半加减，撰为胡书。陶宗仪《书史会要》记载："辽太祖多用汉人，教以隶书之半增损之，制契丹字数千，以代契木之约。"除了文献上的记载可以证明契丹与汉字不可分割的关系外，从契丹字的结构上也可以明显看出汉字的痕迹。

> 从存世的契丹文字文献看，这种文字受汉字影响很大，沿用了汉字的横平竖直、拐直弯的书写特点，还直接借用了一些笔画简单的字。汉契丹大字是第一套文字，由突吕不和鲁不古受太祖之意创造的。[1]

---

[1] 史金波：《汉族和少数民族文字书籍印刷出版之互动》，载《文献》，2006年第1期，第11—22、193、2页。

辽代所创制的文字还有一套称之为契丹小字，由太祖之弟耶律迭剌所制，时间稍后数年，时称"小简字"。

契丹字分为契丹大字和契丹小字，这两种文字，虽然在造字法上分别为表意与表音的不同，但从形体上看，都是汉字的变体。

> 契丹大字和契丹小字都属"方块字"，但其文字性质有别。契丹大字是脱胎于汉字的表意文字，每一字或两字代表一词，其字形有的因从汉字增减笔画而成，有的则直接借用汉字，只是读以契丹语音；契丹小字是一套表音文字，大约有300多个基本符号，这些符号有的借用契丹大字，有的从汉字变形而来。①

2. 金朝女真字的创制与使用

女真民族直至建立金国之初，一直没有本民族的文字。早期与邻国交流时只能借用契丹字，"金人初无文字，国势日强，与邻国交好，乃用契丹字"。② 女真文字是在契丹文字的直接影响下，在汉文字的间接影响下创制而成的。据《金史》记载，完颜希尹"依仿汉人楷字，因契丹字制度，合本国语，制女真字。天辅三年（1119）八月，字书成，太祖大悦，命颁行之"。希尹所创文字是对汉字、契丹字采取加笔、减笔、变形或照搬几种办法创制而成的。③ 称为女真大字，与契丹文字和汉字同为金朝官方通用文字。后来熙宗又创制了一种女真字，谓之小字，《熙宗纪》云："天眷

---

① 史金波：《汉族和少数民族文字书籍印刷出版之互动》，载《文献》，2006年第1期，第11—22、193、2页。

② 〔元〕脱脱等：《金史》，卷73，列传11《完颜希尹》，北京：中华书局1975年版，第1684页。

③ 金启孮：《女真的文字和语言——对祖国文化融合发展的贡献》，载《社会科学战线》，1986年第1期，第311—312页。

元年（1138）正月戊子朔……颁女直小字。"①

女真字创立后，金朝虽设立学校招收女真子弟学习本民族文字，但女真人对自身文字的掌握程度尚不足以取代其他文字。因此，金朝规定女真人、契丹人和汉人各自使用本民族文字，导致在很长一段时间内，女真字与契丹字和汉字在金朝境内并行存在。直至金章宗二年（1191）女真字的使用日益广泛，可以取代契丹字时，"诏罢契丹字"，只准用女真字和汉字。

语言文字是一个民族文化的符号，其本身就是文化的一部分，各民族间文字的相互使用也是文化融合的重要体现。其对汉字的发展演化也具有重要影响，正如契丹、女真字研究者金启孮先生所言："契丹字、女真字对汉字的发展、演变、简化，是有一定贡献的。这应该说是文化融合的结果。"② 而无论是契丹字还是女真字均是仿照汉字而制，这正是民族之间互用语言、文字融合的结果。也正是基于语言的先期互鉴，为更深层次的民族间文化的碰撞、吸纳与融合奠定了基础。

（二）契丹、女真民族语言文字图书的出版

辽、金两朝的文化融合是多元文化互相交流、碰撞，互相吸纳最终融合成为多元一体的中华民族文化共同体的过程，其特点突出表现为多元化与一体性相结合。辽、金均尊崇儒学为统治思想，大量刻印汉文经史书籍是辽、金学习汉文化并接纳与传播汉文化，加速文化融合的重要措施。不仅如此，为了实现少数民族文化与汉文化的深入融合，辽、金还大量翻译儒家经典并出版传播。这种以少数民族文字为载体，将本民族文化与汉文

---

① 〔元〕脱脱等：《金史》，卷4，本纪4《熙宗》，北京：中华书局1975年版，第72页。

② 金启孮：《女真的文字和语言——对祖国文化融合发展的贡献》，载《社会科学战线》，1986年第1期，第311—312页。

化加以有机结合,是少数民族治下民族文化融合的一种特有方式,推动了中华民族文化多元一体进程。但这也体现了辽、金统治者既要学习汉文化,又力图维持本民族文化的矛盾心理。辽金民族语言文字图书出版保留了少数民族文化的成分,将汉文化的学习本民族文化的学习有机结合,体现了中华文化共同体中的多元性。

1. 辽朝契丹文图书出版

辽创立了本民族文字后在契丹人中推广使用,本民族文字的推广应用并不是孤立进行的,而是采取了将其与汉文化的学习融合在一起的方式,最直接的就是运用本民族语言出版汉文化内容的书籍。当对契丹文的使用较为成熟和普遍之后,他们开始以契丹文翻译汉文典籍。辽代所翻译的书籍主要为史书、医书、文学作品及宗教书籍。据《辽史》记载,史书主要有萧韩家奴所译《通历》《贞观政要》《五代史》,耶律庶成译医书《方脉书》,耶律倍曾译道教的《阴符经》。陈振孙《直斋书录解题》中记载辽曾译有《辨鴂录》等书。这种用本族语言翻译汉文典籍的事让辽朝皇帝也颇感兴趣,辽圣宗耶律隆绪就曾把自己爱读的唐代诗人白居易的作品集《讽谏集》翻译成契丹文,并召臣下读之。《讽谏集》在宋朝称为《白氏讽谏》,内容是五十篇针砭时弊的乐府新诗,因其具有政治教化之力,又篇幅短小,便于传阅,深受圣宗喜爱,因此译为契丹文在契丹人中流传。根据现有史料记载,辽朝利用契丹文翻译的汉文典籍并不多,而继辽之后崛起的女真政权,在汉文典籍翻译数量与种类方面远超过辽朝,在北方民族文化融合方面有了更进一步的发展。

2. 金朝女真字图书的出版

女真文字在颁行之后,金设女真府、县学,教授女真人学习。"丞相希尹制女直字,设学校,使讹离剌等教之。"[①] "天会中,选诸路女直字学

[①] 〔元〕脱脱等:《金史》,卷105,列传43《温迪罕缔达》,北京:中华书局1975年版,第2321页。

第四章 从辽金时期图书出版透视北方文化融合进程

生送京师,"① 后于诸路设女真字学校传授女真字,《女真字母》一书作为教材颁发到中央及地方的女真字学校使用。

当女真人能够熟练使用本民族文字之后,金也仿效辽朝翻译经典著作,与辽朝相比,金的翻译活动更具规模和计划性,翻译活动由官方组织人员翻译了大量汉文典籍,并刻印出版。按《金史》的记载,"大定四年,诏以女直字译书籍。五年,翰林侍讲学士徒单子温进所译《贞观政要》《白氏策林》等书。六年,复进《史记》《西汉书》,诏颁行之。"② 大定二十三年(1183)译经所先后译出《易》《书》《论语》《孟子》《老子》《杨子》《文中子》《刘子》《新唐书》《春秋》《诗》《礼》等经史书籍15种。所译书籍主要用于女真学校教育。首先从猛安谋克③中选拔良家子弟三千人为学生,五年后,又从中选拔出学习成绩优秀的百人到京城学习。先后开设了中央的女真国子学,地方的女真府学,以女真文经史作为学校的教材,将汉文化的学习与女真文化的学习有机地结合在一起,促进了两种文化的进一步融合,形成你中有我、我中有你的局面。

金朝统治者一方面积极采取措施促使本族民众学习汉文化,另一方面又担忧女真族的勇武精神和俭朴民风因此消失殆尽,因此同时实施了一系列政策,力图保存本民族文化中的优秀传统。金世宗作为金朝汉化程度较深的皇帝,虽然他自小深受汉文化的影响,但同时也是极力维护女真民族特色的统治者。金世宗作为恢复女真旧俗的发起者,对汉文化与女真文化的态度反映了两种文化在融合过程中的碰撞、冲突与融合。

---

① 〔元〕脱脱等:《金史》,卷88,列传26《纥石烈良弼》,北京:中华书局1975年版,第1949页。

② 〔元〕脱脱等:《金史》,卷98,列传37《徒单镒》,北京:中华书局1975年版,第2185页。

③ 猛安谋克是金朝女真族的基本社会组织单位。作为军户制度的核心,猛安谋克户肩负服兵役的责任,同时兼具行政管理、生产活动和军事职能三位一体的特征。——编者注

文化认同视阈下辽金时期图书出版楔入北方文化融合进程研究

他认识到汉文化维护统治秩序方面的优势，积极学习利用汉文化时，也看到女真文化具有保持女真民族善战性格的优势，两种文化均取其长处而用之。世宗无法抗拒汉文化与女真文化融合的历史潮流，但同时又希望有选择性地保留女真文化中的优势部分。因此，在女真人已经较深地浸染汉文化时，世宗发起了恢复女真旧俗的运动。图书出版是其采取的手段之一。通过将汉文书籍翻译成女真文的方式，金世宗致力于在女真族中保存祖先的部分传统文化。这体现了一位少数民族皇帝在面对民族融合这一历史必然趋势时所进行的个人挣扎。当时金世宗强调恢复女真旧俗，加强女真文化教育，掀起了女真字学习的回潮，也迎来了金代女真字书籍出版的高峰期，历经世宗朝与章宗前期，女真文的翻译与出版取得了一定的成就。

金代女真字图书的使用范围已不限于成人读本，还扩展至儿童读物。通过女真文字编写的蒙学读物，女真人的启蒙教育得以在童年时期就已展开。虽然在金代的史籍当中并未见到用女真文字翻译汉文启蒙读物的相关记载，但明朝北京《文渊阁书目》中却著录了一部分女真字书籍，有《女真字盘古书》《女真字孔夫子书》《女真字孔夫子游国章》《女真字家语贤能言语传》《女真字孙膑书》《女真字百家姓》《女真字哈答咩儿于》《女真字十八国斗宝传》《女真字善御书》《女真字黄氏女书》《女真字家语》《女真字姜太公书》《女真字伍子胥书》《女真字海钱公书》《女真字母》[①]共15种之多，该记载应该只是金代女真文蒙书的一部分，可知当时翻译的女真文蒙书的数量并不少。而将女真文化与汉文化的融合渗入女真人的童年期，进一步夯实了北方民族文化融合的基础。

辽金以本民族文字翻译汉文书籍的活动是各民族文化融合进一步深入的体现，说明随着文化的交流与融合，少数民族群体对于汉文化的理解达

---

① 〔清〕杨士奇：《文渊阁书目》，卷18，北京：中华书局1985年版，第228—229页。

第四章 从辽金时期图书出版透视北方文化融合进程

到了较高水平,已经能够运用本民族的语言解读汉文经典。从文字的创制过渡到经典的学习与传承,充分证明了此时的民族文化融合不是单纯的某一种文化替代另一种文化,而是互相交融地有机结合在一起,你中有我,我中有你,是整个中华民族文化内容的丰富与发展。

辽金时期的文化融合是少数民族政权积极主动吸纳汉文化,并将本民族文化有机地融入汉文化这一文化主体之中,创造了多民族文化融合的新模式、新内容,是与汉族政权下中华民族主体文化吸收少数民族文化相反的一种方式。由此可见,少数民族政权是促进我国多民族文化融合的独特有机体。

二、从图书出版看正统观念的演进

泰勒肯定个人自我认同与社会承认存在内在机理,他认为,"我们的认同部分地由他人的承认构成的;同样地,如果得不到他人的承认,或者只是得到他人扭曲的承认,也会对我们的认同构成显著的影响。"泰勒在建构个体自我认同依赖于社会承认哲学基础上,引申出民族群体文化自我认同具有同在社会中个体一样的意义,"我们所有人都必须承认不同文化具有平等的价值",民族社群的文化身份同样需要社会的平等承认,① 辽金的正统地位也同样需要其他政权的承认。如何对外呈现自我的认同感?为实现自我认同的他者认同,辽金均积极利用各种信息传播的手段来向世人宣示其正统观念。书籍在当时是统治者向治下各阶层、周边政权传递观念的主要媒介,从图书出版的过程可以窥探其正统观念形成与演进的历史进程。

---

① 〔加〕查尔斯·泰勒:《承认的政治》,董之林、陈燕谷译,见汪晖主编:《文化与公共性》,北京:生活·读书·新知三联书店1998年版,第290—291页。

文化认同视阈下辽金时期图书出版楔入北方文化融合进程研究

（一）辽图书出版活动与正统观念的演进

传国玉玺一直被中原王朝作为正统的象征，自始皇始"天下之人，遂以为帝王之统不在于道而在于玺，以玺之得失为天命之绝续，……而五季更相争夺，以得者为正统"。① 辽初的皇帝对于中原王朝的正统观念尚无太多认识，辽太宗入汴，对于石晋献传国玺一事，并未给予太多重视。随着对中原文化的浸染，辽圣宗时，正统观念在辽统治者心中逐渐树立起来，统治者开始运用象征正统地位的传国玺证明辽的正统性，有《传国玺诗》可证："一时制美宝，千载助兴王。中原既失鹿，此宝归北方。子孙宜慎守，世业当永昌。"此诗表明辽圣宗认为中原王朝失去了传国玉玺就不再具备正统的资格，而辽拥有传国玉玺，自然辽是正统地位的继承者，子孙后代应将此正统之业世代相传。重熙七年（1038），辽兴宗在《答高丽请修朝贡诏》中就已经自称"天朝"②。同年的进士考试更是以《有传国宝者为正统赋》为题，这既是在士人中间强化辽的正统地位，也是向世人表明辽朝为正统的意图。到了辽道宗时，契丹统治者已经建立起了强烈的民族自信。辽道宗听汉人为他讲解《论语》，当读到"夷狄之有君，不如诸夏之亡也"时，侍讲者很快读了下去，不敢讲解。道宗批评道："上世獯鬻、猃狁荡无礼法，故谓之夷，吾修文物，彬彬不渝中华，何嫌之有？"③ 说明道宗以是否遵从礼法作为衡量华夷的标准，而契丹当时已经修文物重礼法，自然不再是书中的夷人了，讲书之人自然不必避讳。辽统治者的诗文创作进一步体现了对传统华夷观的破除与正统观的逐渐确立，如道宗作《君臣同志华夷同风诗》，道宗赘德皇后萧观音应道宗要求作《君臣同志华

---

① 〔元〕郝经：《郝文忠公陵川文集》，卷19《传国玺论》，太原：山西人民出版社、山西古籍出版社2006年版，第293—294页。
② 阎凤梧：《全辽金文》，太原：山西古籍出版社2002年版，第314页。
③ 〔宋〕洪皓：《松漠纪闻》，见李澍田：《长白丛书》，长春：吉林文史出版社1986年版，第22页。

第四章 从辽金时期图书出版透视北方文化融合进程

夷同风应制》诗:"虞廷开盛轨,工会合奇琛。到处承天意,皆同捧日心。文章通蠡谷,声教薄鸡林。大寓看交泰,应知无古今。"① 耶律兴公在追述辽太祖的历史功绩时也称"今太祖天皇帝,总百年之正统",② 耶律俨亦在《道宗皇帝哀册》中赞美道宗"一统正朝,六合臣妾"。③

正统观念来源于中原文化,辽统治者对正统观念的认识深度,取决于契丹人的汉化程度,因此,辽人的正统观念是伴随着汉化程度的加深一步一步确立起来的。从诗词的创作、科举试题到统治者以自己的认识解读儒学经典中的夷夏观,都体现了辽统治者正统观念与书籍传播的关系。诗词创作的前提是唐宋文学作品在辽境内的传播,科举考试的内容离不开儒学经典的教化,统治者对正统观的认识来源对儒学经典的学习,以上种种均体现了图书在辽正统观念演变中的重要作用。

(二) 金人对"正统"地位的认识

女真族建立金政权以后,一直在为确立自己的"正统"地位进行实践努力与理论建构。灭亡辽政权之后,金就依据继承辽政权之"正统"的理论和思想而自称"正统"。到了金熙宗时期又不以继承属于夷狄的辽政权的半壁江山的"正统"为满足,而依据金政权在"封贡体系"中的优势地位,即"倒过来的朝贡"的理论和思想,重新塑造金政权的"中国正统"形象。到了海陵王完颜亮时期,对金朝已经令南宋等各个政权俯首称臣的地位仍不满足,又依据"自古帝王混一天下,然后可为正统"的理论和思想,发动了对南宋的战争,试图让整个"天下"都承认大金王朝的"中国正统"地位。金世宗则依据"我国家绌辽、宋主,据天下之正"以及"有德"者应该为"正统"的理论和思想,向天下宣示,金朝虽没有统一天

---

① 陈述辑校:《全辽文》卷3,北京:中华书局1982年版,第62页。
② 阎凤梧:《全辽金文》,太原:山西古籍出版社2002年版,第407页。
③ 阎凤梧:《全辽金文》,太原:山西古籍出版社2002年版,第574页。

下，但仍然是"中国正统"。而金章宗和金宣宗时期则开展了大规模的"德运"问题大讨论，努力根据"五德终始"的"正统"理论和学说，尝试为金政权自称"中国正统"再加理论依据的砝码。①

金人争取"正统"的理论诉求及其努力虽然一直未得到宋的承认，但是在金治下各族民众已经形成了对金政权的认同，在山西民间墓葬中已经出现了使用金历法的现象②，说明金统治北宋原有地域的宋人，已经对金政权的"正统"性产生了一定程度的认同。

首先，金代正统观念在金统治者心中树立并发展起来。金代帝王崇尚儒学经典，本身既是汉族文化的学习者，也是金代社会汉化进程的推动者，通过兴科举、建学校的方式传播儒家思想。金熙宗自幼受教于汉族文学家韩昉，结识汉族儒士，在这些士人的影响下，熟读儒家经典，深谙封建礼制，成为"尽失女真之故态"的汉家少年子，并以此自居，把那些守旧的女真大臣视为"无知夷狄"。可见，在其心中已经形成了正统与夷狄的衡量标准，进而推动女真社会向正统王朝的轨道前进。

海陵王完颜亮与熙宗相比，汉化程度更高。他自幼好读书，愿与儒生交往，即位后，"嗜习经史，一阅终身不复忘。见江南衣冠文物，朝仪位著而慕之"③。海陵王的汉文学修养极高，颇具诗才，正统观念也更为强烈，他不仅认为，"天下一家，然后可以为正统"④，还将正统的思想予以实践，通过南征伐宋，欲合天下于一，这是其反对华夷传统观念的最强有力见证。对于"夷狄之有君，不如诸夏之亡也"一句，海陵王在态度上表

---

① 赵永春：《金人自称"正统"的理论诉求及其影响》，载《学习与探索》，2014年第1期，第144—152页。

② 韦兵：《竞争与认同：从历日颁赐、历法之争看宋与周边民族政权的关系》，载《民族研究》，2008年第5期，第74—82、110页。

③〔宋〕宇文懋昭：《大金国志校证》，卷13《海陵炀王上》，北京：中华书局2016年版，第187页。

④〔元〕脱脱等：《金史》，卷129，列传67《佞幸》，北京：中华书局1975年版，第2783页。

第四章 从辽金时期图书出版透视北方文化融合进程

现出了远超于辽圣宗的强烈不满:"朕窃恶之。岂非渠以南北之区分,同类之比周,而贵彼贱我也。"①

世宗、章宗时期,金朝社会发展到了鼎盛阶段,具备了争夺正统的实力与必要性。作为中国北部领土上的统治王朝,金与南宋相比,在政治与军事上均处于强势地位,促使其对于自身正统地位的认同感日益增强。争夺并确立金政权的正统地位成为金政权的重要诉求。如果说海陵王是欲以战争的强硬手段来证明金为正统,那么世宗与章宗则是通过文化等软的途径来向世人表明金政权对正统地位的争取。"海陵王发动的对宋战争虽然失败了,他的正统观念却被其后继者承袭下来。"前已述及,世宗即位后改元"大定",与海陵王的初衷不谋而合。世宗明确表示"我国家绌辽、宋主,据天下之正"。②

其次,开展德运之议的讨论,制造"金为正统"的舆论氛围。为了使金的正统地位获得治下民众和其他政权的认同,金章宗时期开展了长期的关于金朝德运之争的讨论,并将这些讨论过程与内容记录下来,作为金的档案资料留存。也正是由于这些档案文献后被汇编成《大金德运图说》,使得我们今天可以通过记载窥见当时德运之议的过程与结果。《大金德运议》中记录了章宗朝众臣僚在德运讨论中提出的各种主张:

> 目前来议论有四说,不论所继,只为金德,刑部尚书李愈之说也;继唐土运为金德,户部尚书孙铎、太常卿杨庭筠等之说也;继辽水运为木德,秘书郎吕贞幹之说也;继宋火运为土德,太常丞孙人杰之说也。

---

① 〔宋〕徐梦莘:《三朝北盟会编》,卷242《炎兴下帙一百四十二》,上海:上海古籍出版社2008年版,第1740页。

② 〔元〕脱脱等:《金史》,卷28,志9《礼一》,北京:中华书局1975年版,第694页。

金朝的德运之争说明"金朝极为重视与汉族儒家文化的承继关系,并以己为其中重要一环的思路。从历史发展的长时段来看,这一思路对中华民族凝聚力与向心力的形成、发展有着不可忽视的重要作用"。①

第三,金代文人通过著书立说为金政权的正统性提供理论依据,成为金正统观念演进的表征,同时也进一步强化了金人的正统观。金朝末年的几位著名儒士在其著作中均对正统性进行了论述,表明金人对女真政权正统性的认同。

赵秉文(1159—1232)在《蜀汉正名论》中指出:"仲尼编《诗》列《王》《黍离》于《国风》为其王室卑弱,下自同于列国也。《春秋》诸侯用夷礼则夷之,夷而进于中国,则中国之。"②认为中国与夷狄的关系并非一成不变,如果中原王朝衰乱,夷狄在此建立政权,只要有利于大一统,有利于民生,就应给予肯定。这说明女真人建立的金政权实现了从夷到夏的转变,即可以成为正统,这在中国历史上是可以找到例证的,是符合历史发展的。这就为金政权在正统性的争取上提供了理论依据。

王若虚(1174—1243)也对正统问题发表过议论。他在论及北宋征南唐李煜时借讽宋征南唐是师出无名,来为金的合法性辩护。

> 天下非一人之所独有也,此疆彼界,容得分据而并立,小事大,大保小,亦各尽其道而已。有罪则伐,无罪则已,自三代以来莫不然,岂有必皆扫荡使归于一统者哉!③

---

① 李珍:《民族史观与中国古代民族文化认同》,北京:商务印书馆2021年版,第139页。

② 〔金〕赵秉文:《闲闲老人滏水文集附补遗》,卷14,北京:中华书局1985年版,第196—197页。

③ 王云五主编,王若虚著:《滹南遗老集 附续诗集3》,丛书集成初编本,北京:商务印书馆1935年版,第166页。

第四章 从辽金时期图书出版透视北方文化融合进程

元好问（1190—1257）作为金朝文学、史学上的突出成就者，其早已认同金政权的正统性，在金灭亡后，仍保持金朝遗民身份而不仕元，并收集河南地区金代文人作品编成《中州集》，"中州"即指中原，如家铉翁《题中州集诗后》所讲："壤地有南北，而人物无南北，道统文脉无南北，虽在万里之外，皆中州也。"① 《中州集》的编纂正是元好问正统观的体现。

三、从史籍编撰看北方民族文化融合的历史进程

五代、辽、宋、夏、金封建王朝并立时期的历史，是"中国封建社会继续向前发展时期的历史，也是中国各民族又一次重新组合时期的历史。汉族地区经济重心的南移，南海贸易的畅通，边疆民族地区封建化的加深，都是前所未有的"。② 辽、金王朝继承了中原政权的史学编撰传统，依照中原王朝修实录记录本朝历史，同时也为灭亡的前朝编修史书，完善了我国史学编纂的历史链条。史籍的编撰是对汉文化的学习与传承，同时辽、金史学编撰也体现了少数民族政权修史的特色，呈现了各民族文化融合的历史轨迹。在继承和发展过程中，从另一个层面印证了各民族文化的碰撞、认同、交流与融合的历史。

（一）史学编撰者的民族身份多元化

辽、金政权建立之后，很早就开展了修史活动，通过追溯祖先的历史，为政权建立与稳固提供历史依据。辽太宗会同四年（941），太宗即召有司编纂《始祖奇首可汗事迹》，此时辽还处在战争阶段。金依照中原政

---

① 〔元〕苏天爵：《元文类》，影印文渊阁四库全书本，台北：商务印书馆1983年版，第476页。
② 白寿彝总主编，陈振主编：《中国通史》，第七卷，《题记》，上海：上海人民出版社2004年版，第1页。

权的修史的传统设置修史机构与官员,形成了系统的史学编纂制度。史官的担任者主要来自汉族和本民族,这种史官民族身份的多元性恰恰反映了辽、金少数民族政权的修史活动需要多民族文人共同来完成,史官民族身份的多元化,必然造就史学文化的多元融合。

据《契丹国志》记载,辽仿照宋朝成立国史院,设国史监修官。"辽朝的监修国史多由枢密院长官担任,以枢密院长官为监修国史也是对自唐以来形成的宰相监修国史传统的继承,这表明在辽朝中期以后,辽朝修史逐渐正规化。"[①] 辽代见于记载的监修国史共有15人,其中只有耶律鲁不古、耶律隆运、耶律良、耶律阿思三位契丹人,其余皆为汉人。

金代设国史院负责史书修撰,国史院中设有监修国史、修国史、编修官和书写等官员。检索《金史》可知,从金熙宗到金宣宗时共有15人先后担任监修国史,他们是:宗干、宗弼、宗贤、萧仲恭、完颜晶、萧裕、纥石烈良弼、完颜守道、徒单克宁、夹谷清臣、完颜襄、徒单镒、高汝砺、纥石烈执中、抹捻尽忠。[②] 这其中包含了女真人、契丹人和汉人。国史院的同修国史一职设有汉人、女真人和契丹人各一员。到金章宗承安四年(1199),金人对汉字的运用已达到相当成熟的程度。经过多次将汉文著作翻译成女真文的实践,他们的翻译水平已提高到能够直接从女真文译成汉文的程度。因此,金决定取消国史院中契丹人共同修撰国史的职位。但有关实录、起居注等关乎本族皇帝的记录,都只由本族人担任,史官的职位不能轻易授予外族人。金曾两次官修《辽史》,其主要编修官也以女真族为主。

---

① 吴凤霞:《辽金元史学研究》,北京:中国社会科学出版社2009年版,第44页。

② 吴凤霞:《辽金元史学研究》,北京:中国社会科学出版社2009年版,第63页。

第四章 从辽金时期图书出版透视北方文化融合进程

(二) 从史籍的阅读与修撰看北方民族文化融合

辽、金作为少数民族建立的政权,建立之初均面临如何巩固统治的问题,从中原政权丰富的统治经验中寻求治政理念与措施成为两朝统治者的共识,在整个政权发展过程中,继承并发扬了中原政权统治者以史为鉴的思想与实践。辽、金统治者通过对史籍的仔细研读,从中汲取了大量的治国思想,在应用于具体治国理政的实践当中。这些史书既有中原王朝编撰的经典著作,也有辽、金史学家为当朝者编撰的史书。因此,史书的编撰与编译成为辽、金政权图书出版中的一大特色,其本质仍是为统治者的政治服务,是辽、金与中原文化融合的政治体现。

辽、金两朝统治者均极为推崇史书《贞观政要》和《资治通鉴》,对《通历》《唐律》《五代史》等也很青睐。他们极其认同这些史书中所阐述的政治理论与经验,历代皇帝均深入研读、学习,并将其中的治国思想运用于国家治理之中。《贞观政要》因记述了贞观之治的历史经验和重大决策,成为辽、金统治者的必读书目,君臣之间常常针对史书中的内容展开讨论。从中可以看到汉文化与少数民族文化融合的具体过程,也见证了民族文化融合对少数民族政权发展建设的重要意义。金熙宗对韩昉说:

> "朕每阅《贞观政要》见其君臣议论,大可规法。"翰林学士韩昉对曰:"皆由太宗温颜访问,房、杜辈竭忠尽诚。其书虽简,足以为法。"上曰:"太宗固一代贤君,明皇何如?"昉曰:"唐自太宗以来,惟明皇、宪宗可数。明皇所谓有始而无终者。初以艰危得位,用姚崇、宋璟,惟正是行,故能成开元之治;末年怠于万机,委政李林甫,奸谀是用,以致天宝之乱。苟能慎终如始,则贞观之风不难追矣。"上称善。又曰:"周成王何如主?"昉对曰:"古之贤君。"上曰:"成王虽贤,亦周公辅佐之力。后世疑周公杀其兄,以朕观之,

文化认同视阈下辽金时期图书出版楔入北方文化融合进程研究

为社稷大计，亦不当非也。"①

世宗方兴儒术，诏译经史，擢国史院编修官，兼笔砚之长。一日，世宗召问曰："朕比读《贞观政要》见魏徵嘉谋忠节，良可称叹。近世何故无如徵者？"履曰："忠嘉之士，何代无之，但上之人用与不用耳。"世宗曰："卿不见刘仲诲、张汝霖耶，朕超用二人者，以尝居谏职，屡有忠言故也。安得谓之不用，第人才难得耳。"履曰："臣未闻其谏也。且海陵杜塞言路，天下缄口，习以成风。愿陛下惩艾前事，开谏诤之门，天下幸甚。"②

《资治通鉴》被宋神宗评价其为"鉴于往事，有资于治道"，钦赐书名为《资治通鉴》，在宋朝已备受重视，为皇帝必读常读之书，金人更是赋予《资治通鉴》崇高的地位，并极为认同司马光的贡献。章宗谓宰臣曰："近览《资治通鉴》编次累代废兴，甚有鉴戒，司马光用心如此，古之良史无以加也。"③据载，永功子完颜璹"读《通鉴》至三十余过，是非成败，道之如目前"④。哀宗正大三年（1226）置议政院于内庭，以学问赅博、议论宏远者数人兼之。讲《通鉴》《贞观政要》。卫绍王大安二年（1210）五月，"诏儒臣编《续资治通鉴》"⑤。由于官方对史书的重视，

---

① 〔元〕脱脱等：《金史》，卷4，本纪4《熙宗》，北京：中华书局1975年版，第74页。

② 〔元〕脱脱等：《金史》，卷95，列传33《移刺履》，北京：中华书局1975年版，第2099—2100页。

③ 〔元〕脱脱等：《金史》，卷7，本纪7《世宗中》，北京：中华书局1975年版，第175页。

④ 〔金〕元好问编：《中州集》，戊集第五，《密国公璹》，北京：中华书局1959年版，第273页。

⑤ 〔元〕脱脱等：《金史》，卷13，本纪13《卫绍王》，北京：中华书局1975年版，第292页。

第四章 从辽金时期图书出版透视北方文化融合进程

民间官宦富贵之家也雇工刻印史书,如历亭州将张亨知刻印《资治通鉴详节》①。

金熙宗熟读"《尚书》《论语》及《五代》《辽史》诸书,或以夜继焉",并且认识到"太平之世,当尚文物,自古致治,皆由是也"②。上谓宰臣曰:

> 朕观唐史,惟魏徵善谏,所言皆国家大事,甚得谏臣之体。近时台谏惟指摘一二细碎事,姑以塞责,未尝有及国家大利害者,岂知而不言欤,无乃亦不知也。宰臣无以对。③

民族文化融合不仅体现在辽、金依照中原政权开展修史与读史的活动,更深层次的融合还体现在史书的翻译方面。辽、金翻译出版汉文典籍时对史书翻译尤为重视,辽代翻译的史书有《通历》《贞观政要》《五代史》④。金专设译经所掌管翻译事宜。世宗常读《唐史》并与臣下讨论,大定初,诏"以小字译《唐史》成,则别以女直字传之,以便观览"。⑤将常读的史书译成本民族文字,一方面是便于阅读,另一方面是将两种文化有机融合并通过阅读的方式发扬光大。金代翻译出版的史书有《贞观政要》《白氏策林》《新唐书》《史记》《西汉书》等。

---

① 〔金〕元好问著,姚奠中主编,李正民增订:《元好问全集》(增订本),卷36《陆氏通鉴详节序》,太原:山西古籍出版社2004年版,第749页。
② 〔元〕脱脱等:《金史》,卷4,本纪4《熙宗》,北京:中华书局1975年版,第77页。
③ 〔元〕脱脱等:《金史》,卷8,本纪8《世宗下》,北京:中华书局1975年版,第199页。
④ 〔元〕脱脱等:《辽史》,卷103,列传33《文学上》,北京:中华书局2016年版,第1598页。
⑤ 〔金〕元好问著,姚奠中主编,李正民增订:《元好问全集》(增订本),卷27《尚书右丞耶律公神道碑》,山西古籍出版社2004年版,第584页。

  辽、西夏、金本民族文化的长足发展，使得它们在史学上亦各有成就。与汉族文化不可分割的历史联系，又使它们在民族史学的发展中多以汉族史学为蓝本进行各项史学活动，并有意识地与汉族立足于同一文化价值体系进行正闰之辨、高下之争，这是辽、夏、金民族史观发展的时代特征，也是它们与魏晋时期相比的主要不同之处。正是这种对儒家文化更深层的认同感，成为元代民族史观进一步发展的思想基础和历史前提。①

而这些史籍的出版又再一次体现了辽、金政权对汉文化的认同与融入，促进了民族文献的交流与融合，形成了不同民族文化相互接触、吸纳与交融的循环往复的过程，这也正契合了民族融合的发展规律。

四、从文学作品的出版看北方民族文化融合

辽、金文学的发展贯穿辽、金民族文化融合的全过程，辽、金文学作品的创作与出版反映了各民族文化融合的进程。伴随着汉化程度的逐渐加深，辽、金文学创作经历了从兴起到兴盛的过程，文学作品的出版也随着创作数量的增加而丰富起来。南北文化的交流是一个双向互动的过程，北方浑朴生动、清新自然的民族文化接受和吸收儒雅的汉文化，在豪放、纯朴的北方民族文化中融入了沉稳、含蓄的汉文化，形成了辽、金时期文学雄健磊落、骨力遒劲的独特风貌，呈现了多民族文化融合的特质。

（一）辽、金建立之初的典籍流通为其文学创作奠定了基础

契丹与女真族在建立政权之前都与汉族有了长期的接触，对中原文学

---

① 李珍：《民族史观与中国古代民族文化认同》，北京：商务印书馆2021年版，第139—140页。

第四章 从辽金时期图书出版透视北方文化融合进程

作品及图书心存向往,促使辽、金统治者在战争期间搜罗中原王朝的图书典籍及刻印工匠,为书籍在辽、金的流通与刻印奠定了物质与技术基础,而图书事业的发展又为辽、金文学的兴起与发展提供了精神文化产品的支持。

辽统治者很重视对汉文典籍的搜求,辽灭后晋时,曾"取晋图书、礼器而北"①。即使在辽宋对峙期间,图书往来也未曾中断,北宋虽然一再发布禁止书籍传入北境的律令,但因辽人对汉文典籍的强烈需求,仍然无法阻止大量汉文书籍通过各种途径传入辽境。宋哲宗元祐四年(1089),苏辙出使辽国时方得知其父兄作品在辽朝已经广为流传。接待他的使臣告之,"令兄内翰眉山集,已到此多时",自己所作《服茯苓赋》也已在当地流传。这让苏辙认识到图书等很受辽人欢迎,商贩"贩入虏中,其利十倍"②,"本朝民间开板印行文字,臣等窃料北界无所不有"。随着宋、辽之间文化交流的日益深入,中原各类文学作品在辽的大量流通为辽朝文学的发展奠定了基础。

金朝统治者早在与辽对战期间就已经认识到图书典籍的重要性,并确定了"征索图书"③"拘收文籍"④ 的策略。天辅五年(1121),金对辽发动全面攻势时,太祖特别下诏:"若克中京,所得礼乐仪仗图书文籍,并先次津发赴阙。"⑤ 天会三年(1125)金灭辽后,收得了辽代皇室的全部

---

① 〔元〕脱脱等:《辽史》,卷103,列传33《文学上》,北京:中华书局2016年版,第1593页。

② 〔宋〕苏辙:《栾城三集》,卷41,四部丛刊初编本,北京:商务印书馆1936年版,第414页。

③ 〔金〕刘祁:《归潜志》,卷12《辨亡》,北京:中华书局1983年版,第135页。

④ 〔宋〕徐梦莘:《三朝北盟会编》,卷7《靖康中帙四十六》,上海:上海古籍出版社第2008年版,第538页。

⑤ 〔元〕脱脱等:《金史》,卷2,本纪2《太祖》,北京:中华书局1975年版,第36页。

文化认同视阈下辽金时期图书出版楔入北方文化融合进程研究

藏书，完成了金政权图书积累的第一步。第二步是对北宋汴京的图书及刻板的搜求。女真军队占领北宋汴京之日，见识到"承平日久，典章礼乐粲然备矣"的北宋王朝的繁荣，心生无限羡慕与向往，于是将承载着先进精神文化图书典籍及雕版工匠迁移到东北内地，称之为"实内地"，以备日后用来提升本民族的精神文化水平。此次搜集图书是分多次进行的，从中央官府扩大到民间书坊，只要是图书集中的地方均列入搜罗的范围，尽取国子监、三馆秘阁及鸿胪寺的书籍、版片。赵子砥《燕云录》载："靖康丙午（1126）冬，金人既破京城，当时下鸿胪寺取经板一千七百片。"[①] 靖康元年（1126）十二月初四日，"金人遣使命检视府库，拘收文籍"。[②] 无论是北宋官方最大刻书机构国子监的书籍，还是开封府民间书坊的书籍均在金人搜求范围之内。[③] 宋人多次将书籍和印版送往金营，仅运送这些物品所用的士兵就多达数千人。女真政权在图书典籍的搜集上花费大量的时间与精力，在宋人看来简直是经历了一场文化被掠夺的浩劫，但从女真人的角度来看，却是最大限度地为金朝的出版业发展奠定了物质基础，进而为多民族文学的融合发展提供了精神产品的积累。

辽、金政权建立后，大批汉族文人流入东北地区，伴随人口迁移而来的还有大量的书籍，促进了北方地区书籍的典藏与流通，成为辽、金文学兴起的另一重要条件。北宋宇文虚中出使金朝被留，受到金廷重用，后因与女真贵族的矛盾被告谋反。皇统六年（1146）二月，熙宗命有司核实查处，结果"鞫治无状"，那些反对者又"罗织虚中家图书为反具"，宇文虚中反驳道："死自吾分，至于图籍，南来士大夫家家有之，高士谈图书尤多于我家，岂亦反耶。"这说明当时从北宋到金的汉族士人均带去了大量的图书典籍。而因出使被扣留在金却不肯入仕的宋人洪皓，在金期间所创

---

① 〔宋〕徐梦莘：《三朝北盟会编》，卷98《靖康中帙七十三》，上海：上海古籍出版社第2008年版，第723页。

② 〔宋〕丁特起：《靖康纪闻》，北京：中华书局1985年版，第14页。

③ 〔宋〕丁特起：《靖康纪闻》，北京：中华书局1985年版，第17页。

作的诗文作品，被广泛刻印传抄，"为金人所敬，所著诗文，争钞诵求锓梓"。① 洪皓滞留在金期间，以开办私学为生，相传洪皓在金为了应对纸张的缺乏，取桦叶为纸，在上面忆写出"《论语》《大学》《中庸》《孟子》传之，时谓桦叶《四书》"②，将其作为教学的课本使用，从一个侧面反映了汉文化在北方的传播。

书籍作为知识传播的重要媒介，在时间和空间上均突破了人与人之间口头传播的局限。承载汉文化的图籍在北方的流通，拓展了汉文化传播路径与范围，也成为少数民族民众文学素养培养与提升所依赖的重要途径。

（二）辽朝文学创作与民族文化融合

辽代文学深受唐宋文学的影响，特别是白居易与苏东坡的诗文在辽代社会流传甚广，对辽代文人诗词创作的影响最为深远。最早有条件接触中原文化的是契丹族统治者，他们深受唐朝文化的濡染和熏陶，很多人都工诗能文，可谓文采斐然。辽圣宗耶律隆绪曾云"乐天诗集是吾师"，并亲自用契丹文字翻译白居易的《讽谏集》让臣下阅读。耶律倍为辽太祖阿保机的长子，辽太宗耶律德光的长兄，辽世宗的父亲。他自幼聪敏好学，读书破万卷，自家建有藏书楼。"倍初市书至万卷，藏于医巫闾绝顶之望海堂。通阴阳，知音律，精医药、砭焫之术。工辽、汉文章，尝译《阴符经》。"③ 其文学造诣极高，创作了许多诗词作品，是辽前期皇室文学家的代表人物之一。从中可以看出图书典籍在民族文化的相互学习中发挥了不可替代的作用，辽朝皇族文学修养的培养过程中，中原诗人的诗集担当了

---

① 〔元〕脱脱等：《宋史》，卷373，列传132《洪皓》，北京：中华书局1977年版，第11562页。

② 丁傅靖：《宋人轶事汇编》（下），卷16，北京：中华书局2003年版，第879页。

③ 〔元〕脱脱等：《辽史》，卷72，列传2《宗室》，北京：中华书局2016年版，第1593页。

最好的老师。

辽朝中后期，在科举取士、兴办教育等措施的推动下，辽朝文学获得了蓬勃发展的有利时机，文学人才辈出，文集编撰大兴。这一时期契丹皇族的代表人物是辽道宗耶律洪基。道宗才学高博，精通诗词歌赋，可以称得上是辽朝文学造诣最高的皇帝，《辽史》中就有许多耶律洪基与臣下赋诗、互相唱和的记载。其所创作的《题李俨黄菊赋》一诗从辽国传到宋，被陆游等人收录在自己的著作中。诗云："昨日得卿黄菊赋，碎剪金英填作句。袖中犹觉有余香，冷落西风吹不去。"① 耶律洪基所创作数量众多的诗文，由耶律良为编撰为《清宁集》。《〈辽诗话〉序》对辽朝文学成就给予较高评价："圣、兴、道三宗，雅好词翰，咸通音律……文学之臣，若萧韩家奴、耶律昭、刘辉、耶里（律）孟简，皆淹通风雅。"可见其发展之兴盛。

辽代文学创作的突出特点是女性作者的成就较为突出，这源于北方游牧民族文化中对女性的禁锢性思想较少，给予女性高度的意识自由的权利，女性可以通过诗词表达个人的思想与情感。而且，这些女性的作品也呈现出一种倾向于男子般的豪放之气，与中原女子的柔弱形成鲜明的对比，构成了辽代文学作品的独特风格。契丹贵族女子，特别是萧氏（后族）与耶律氏（皇族）女性表现突出，其中以萧观音、萧瑟瑟、耶律常哥为代表。萧瑟瑟还能熟练运用骚体形式进行创作，可见契丹族接受汉文化程度之高。

现在可知辽朝文人编撰的文集有耶律隆先《阆苑集》、耶律洪基《清宁集》、萧韩家奴《六义集》、萧柳《岁寒集》、耶律资忠《西亭集》、萧孝穆《宝老集》、杨佶《登瀛集》、耶律良《庆会集》、刘京《刘京集》、郎思孝《海山文集》、李浣《丁年集》等。

---

① 白寿彝等主编、韩兆琦等选注：《文史英华诗卷》，长沙：湖南出版社1993年版，第824页。

（三）金朝的文学创作

金代立国 120 年间，文学兴盛，虽然因各种历史原因金人创作的文学作品大多未能流传下来，但是从后人对金的评价中可以看出其文学创作成就之隆。"金源氏崛起海东，当天会间方域甫定，即设科取士，急于得贤，故文风振而人才辈出，治具张而纪纲不紊，有国虽百年，典章文物至比隆于唐、宋之盛。"①

1. 金朝宗室成员的文学创作

金朝宗室成员是民族文化融合的倡导者，也是民族文化融合的践行者。由于对汉文化极为倾慕，他们从小就接受严格的汉学教育，在经历了长时间汉文化的熏陶后，这些宗室们的文学造诣普遍较高，擅长诗词歌赋的创作。

海陵王完颜亮自幼接受儒学教育，"好读书，学弈象戏、点茶，延接儒生，谈论有成人器"②，"渐染中国之风，颇有意于书史。"③ 对江南文化充满仰慕之情，"嗜习经史，一阅终身不复忘。见江南衣冠文物、朝仪位著而慕之"④。一首为人称道的七律诗充分展现出其作品中女真文化与汉文化兼容的风格，"自古车书一混同，南人何事费车工。提兵百万临江上，立马吴山第一峰。"⑤ 诗文显示出完颜亮的雄心壮志，诗中融入女真人的豪

---

① 李修生：《全元文》，第六册，卷 191，王恽：《浑源刘氏世德碑铭》，南京：江苏古籍出版社 1998 年版，第 503 页。

② 〔宋〕宇文懋昭撰，崔文印校证：《大金国志校证》，北京：中华书局 1986 年版，第 185 页。

③ 〔宋〕徐梦莘：《三朝北盟会编》，卷 242《炎兴下帙一百四十二》，上海：上海古籍出版社 2008 年版，第 1740 页。

④ 〔宋〕宇文懋昭：《大金国志校证》，卷 13《海陵炀王上》，北京：中华书局 2016 年版，第 187 页。

⑤ 岳珂撰，吴企明点校：《桯史》，卷 8《逆亮辞怪》，北京：中华书局 1981 年版，第 93—95 页。

迈之气与汉文化的大一统思想，相得益彰。

女真宗室中文学成就最高的是金世宗之孙，越王永功之子完颜璹。完颜璹自幼接受良好的儒家文化教育，与当时名士赵秉文、杨云翼、雷渊、元好问、李汾等人交好。其汉化程度可以代表女真人的最高水平，元好问评价完颜璹为"百年以来，宗室中第一流人也"。① 其平生诗文甚多，晚年自删其诗，存三百首，乐府一百首，编成《如庵小稿》五卷，赵秉文、元好问为其作序刊行。

2. 各族文士的文学创作

金初的文学创作群体主要是由宋入金的文士，诗词创作的风格必然遵循宋代的文风，但随着在北方居留时间的增长，慢慢地"经受了北国大漠风霜的浸染，其诗歌创作中难免会融入北国的刚劲、清寒之气"，② 文学创作上出现的新变，反映出南北文化融合的影响。

经过三十年的时间，到了大定、明昌时期，金朝本土诗人已经成长起来。在北方的自然环境与文化环境的熏陶下，金代诗词创作的技巧与形式虽仍然遵照宋诗，但诗词中描写的自然景物、风光均与北国的自然与地理相应，抒发的情感也呈现出广阔、清寒与豪迈之感，作品更多地呈现了女真文化与汉文化融合的特点。如被称为"国朝文派"奠基者的蔡珪的诗歌，"学习宋诗的同时，又不因循守旧，独辟蹊径，呈现出北国特有的雄放之风"③，如其诗《野鹰来》：

南山有奇鹰，置穴千仞山。网罗虽欲施，藤石不可攀。鹰朝飞，

---

① 〔金〕元好问编：《中州集》，戊集第五《密国公璹》，北京：中华书局1959年版，第273页。

② 黄志程：《民族文化融合中的辽金诗歌》，载《青年文学家》，2015年第32期，第34页。

③ 黄志程：《民族文化融合中的辽金诗歌》，载《青年文学家》，2015年第32期，第34页。

第四章 从辽金时期图书出版透视北方文化融合进程

耸肩下视平芜低,健狐跃兔藏何迟;鹰暮来,腹肉一饱精神开,招呼不上刘表台。锦衣少年莫留意,饥饱不能随尔辈。

又如"国朝文派"的另一代表人物王庭筠所作《孙氏午沟桥亭》一诗,颇具清冷之情、质朴之风:

闲来桥北行,偶过桥南去。寂寞独归时,沙鸥晚无数。

章宗之后,金政权走向衰落,但文学创作却迎来了新的发展阶段。金朝文人的文化积淀达到了高峰,他们能够辩证地学习中原文化,在诗词创作方面形成不同的观点与见解,在借鉴宋人的创作理念的基础上,不断创新作品风格,形成金朝的特色。这一时期文坛的代表性人物有赵秉文、杨云翼、李纯甫、王若虚、李俊民、元好问等。

赵秉文是金晚期的名士,其在文学、儒、佛、道等方面均有显著成就。他在思想上主张三教融合,顺应当时的历史发展趋势,其作品从诸多方面反映了金代多民族文化融合的历史。"晚年,自择其文,凡主张佛老二家者皆削去,号《滏水集》。"① 李纯甫的《屏山翰墨佛事》"多为浮屠作碑记传赞,诸僧翕然归向,因集以板之,号《屏山翰墨佛事》"。王若虚是金代著名的文学评论家,著述颇丰,有《滹南遗老集》四十五卷。

元好问是鲜卑族的后裔,是金代文学的集大成者。金大定二十九年(1189)铁木真被蒙古部推举为汗,蒙古崛起,第二年元好问出生,二十年后,绍王大安三年(1211)成吉思汗举兵伐金,从此以后金朝逐渐走向衰亡。元好问见证了金朝的由盛而衰,对金政权形成了强烈的认同感,以至金亡不仕。其所撰《中州集》即为传承金代文学与历史责任感的产物。

---

① 〔金〕刘祁撰,崔文印点校:《归潜志》,卷9,北京:中华书局1983年版,第106页。

元好问的身上融合了鲜卑族与汉民族的特性,在民族、地域和时代等因素综合影响下,其作品呈现出"慷慨悲壮、沉郁刚健"的格调,在中国文学史上独树一帜,成为中原地区的农耕文化与北方民族的游牧文化双向交流、融合互补的结晶。①

金代的文化创作成果显著,清张金吾评价为"一扫五代辽季衰陋之俗"②,"典章文物粲然成一代治规"③。根据文献记载,现在可知金有文集流传者不下百人,共有作品集180多部,有确切时间可考的96部,包括别集、总集、词曲、评注等类别。④虽然金人的文集与宋人的文集数量无法相比,但是对于一个只有百年历史的少数民族政权来说,这样的成就已是难能可贵。

---

① 周惠泉:《金代文学与女真族文学历史发展新探》,载《江苏大学学报(社会科学版)》,2008年第2期,第16—22页。

② 〔清〕张金吾:《金文最》,序,北京:中华书局1990年版,第9页。

③ 〔元〕脱脱等:《金史》,卷12,本纪12《章宗四》,北京:中华书局1975年版,第285页。

④ 李西亚:《金代图书出版研究》,北京:中国社会科学出版社2015年版,第68页。

第五章 辽金时期图书出版对北方民族文化融合的作用

一、图书典籍是各民族文化融合的重要媒介

自古以来，东北各民族就与中原民族间保持着千丝万缕的联系。在东北民族关系发展中，"内聚力"和"向心力"一直是主流，而"向内"发展主要体现在两个方面：一是积极与中原各族进行政治、经济和文化交往；二是积极参与中原地区的政治、经济和文化建设，并主动与中原各族交融。[①] 辽金时期契丹、女真等少数民族与汉族等各民族之间的交往交流愈加频繁，图书典籍特别是中原地区的文化典籍通过战争、外交及经贸往来等方式不断流入辽金统治地区，进一步推动了北方民族文化交流、交融的进程。

（一）辽金政权对图书典籍的搜集

契丹与女真族统治者对中原物质与精神文化的仰慕是其发动战争的动因之一，作为精神文化的载体图书典籍成为辽金在战争中最希望获取的战

[①] 赵永春主编：《中国东北民族关系史》，前言，北京：中央广播电视出版社2008年版，第5页。

文化认同视阈下辽金时期图书出版楔入北方文化融合进程研究

利品之一,因此中原文化典籍最初流入辽金主要是通过战争来实现的。辽政权建立之初,文物典章制度尚未建立,"辽起松漠,太祖以兵经略方内,礼文之事固所未遑"。随着政权建设需求的日益增长,对图书典籍的需求也在增强,图书的收集与利用逐渐活跃起来,"及太宗入汴,取晋图书、礼器而北",通过对这些图书典籍的利用,"制度渐以修举"。① 辽对中国历史上前朝的典章礼仪进行了传承,确立了辽朝的典章制度。"辽太祖奋自朔方,太宗继志述事,以成其业。于是举渤海,立敬瑭,破重贵,尽致周、秦、两汉、隋、唐文物之遗余而居有之。"② 随着辽统治范围的不断扩大,辽朝的相关制度也开始在其他区域施行,"辽起松漠,经营抚纳,竟有唐、晋帝王之器,典章文物施及潢海之区"。③

金统治者同样在对辽宋的战争之初就特别关注对图书典籍的收集。对辽战争前金太祖特别下诏强调"若克中京,所得礼乐仪仗图书文籍,并先次津发赴阙"。④ 天会五年(1127)金攻克汴京后,对国子监、三馆秘阁及鸿胪寺的图籍、刻板搜掠一空。另据《靖康要录》记载,靖康二年(1127)二月初二,"膀图明堂九鼎,观之不取,止索三馆文籍图书国子书版","又取太清楼书,皆黄帕牙签,载以太平车凡百余,皆遣监管交纳于蕃寨";四日,"般《藏经》《道经》等书版"⑤。金人对书籍与刻板的搜求,除以辽、宋中央官府为重要场所外,平民书坊与私人藏书也不例外,

---

① 〔元〕脱脱等:《辽史》,卷103,列传33《文学上》,北京:中华书局2016年版,第1593页。
② 〔元〕脱脱等:《辽史》,卷55,志24《仪卫志一》,北京:中华书局2016年版,第999页。
③ 〔元〕脱脱等:《辽史》,卷33,志3《营卫志下》,北京:中华书局2016年版,第435页。
④ 〔元〕脱脱等:《金史》,卷2,本纪2《太祖》,北京:中华书局1975年版,第36页。
⑤ 王云五等:《靖康要录》,卷15,《丛书集成初编》(初印本),上海:商务印书馆1939年版,第307页。

第五章　辽金时期图书出版对北方民族文化融合的作用

"金人索监书藏经，如苏黄文及《资治通鉴》之类，指名取索。仍移文开封府，令见钱支出收买，开封府直取书籍铺"。①

辽金政权对于中原文化典籍的收集和积累是一个渐进的过程，而且贯穿政权存续的始终。

> 自中都失守，庙社、陵寝、宫室、府库，至于图籍、重器，百年积累，一朝弃之。惟圣主痛悼之心至为深切，夙夜思惧所以建中兴之功者，未尝少置也。②

所获取的各类图书典籍，为辽金政权的各项政治制度、法律体系和礼制的建立与完善提供了重要依据。

（二）图书典籍与辽金典章制度的确立

辽政权所获取的唐代典章制度的书籍，不仅为辽代政治体制的架构提供了直接参照，更在其法律体系的完善与礼制规范的确立中发挥了深远的塑造作用。辽政权肇建之际，其制度构建多是对唐代典章制度基本框架与核心要素的直接承袭。"辽自太祖创业，太宗抚有燕、蓟，任贤使能之道亦略备矣。然惟朝廷参置国官，吏州县者多遵唐制"。③ 随着辽朝统治区域的不断扩大，其治下的汉族民众越来越多，传统的制度不能适应多民族的复杂情况，为了缓和民族矛盾辽统治者采取了"因俗而治"的民族政策，在政权机构设置上实行了南北不同的北面官和南面官两个系统，并在辽太宗时正式确立，"至于太宗，兼制中国，官分南、北，以国制治契丹，以

---

① 〔宋〕丁特起：《靖康纪闻》，北京：中华书局1985年版，第17页。
② 〔元〕脱脱等：《金史》，卷109，列传47《许古》，北京：中华书局1975年版，第2412页。
③ 〔元〕脱脱等：《辽史》，卷105，列传35《能吏》，北京：中华书局2016年版，第1607页。

汉制待汉人"。① 其中的南面官主要是治理汉人州县、租赋和军马之事，具体机构和名称仿照唐制而定，"辽有北面朝官矣，既得燕、代十有六州，乃用唐制，复设南面三省、六部、台、院、寺、监、诸卫、东宫之官。诚有志帝王之盛制，亦以招徕中国之人也"。② 中央官制仿照唐制，地方官制也不例外，"至辽，五京列峙，包括燕、代，悉为畿甸。二百余年，城郭相望，田野益辟。冠以节度，承以观察、防御、团练等使，分以刺史、县令，大略采用唐制"。③ 各机构的运行机制也依唐制而行，翰林学士刘景为有一天为辽帝草拟赦书，上呈后迟迟没有发布，刘景为此上奏说："唐制，赦书日行五百里，今稽期弗发，非也。"④

与辽有所不同，金代政治体制的确立主要借鉴和沿用了唐宋的传统，《金史》中有如下记载：

> 初，太祖定燕京，始用汉官宰相赏左企弓等，置中书省、枢密院于广宁府，而朝廷宰相自用女直官号。太宗初年，无所改更。及张敦固伏诛，移置中书、枢密于平州，蔡靖以燕山降，移置燕京，凡汉地选授调发租税皆承制行之。故自时立爱、刘彦宗及企先辈，官为宰相，其职大抵如此。斜也、宗干当国，劝太宗改女直旧制，用汉官制度。天会四年，始定官制，立尚书省以下诸司府寺。⑤

---

① 〔元〕脱脱等：《辽史》，卷45，志15《百官志一》，北京：中华书局2016年版，第773页。
② 〔元〕脱脱等：《辽史》，卷47，志17上《百官志三》，北京：中华书局2016年版，第864页。
③ 〔元〕脱脱等：《辽史》，卷48，志17下《百官志四》，北京：中华书局2016年版，第906页。
④ 〔元〕脱脱等：《辽史》，卷86，列传16《耶律合住　刘景》，北京：中华书局2016年版，第1456页。
⑤ 〔元〕脱脱等：《金史》，卷78，列传16《韩企先》，北京：中华书局1975年版，第1777页。

第五章　辽金时期图书出版对北方民族文化融合的作用

金统治者清楚明了欲行辽宋之制，虽需要汉族士人的谋划，但离不开图书典籍的记载，因而"明年，再伐宋，已围汴京，彦宗谓宗翰、宗望曰：'萧何入关，秋毫无犯，惟收图籍。辽太宗入汴，载路车、法服、石经以归，皆令则也。'二帅嘉纳之，执二帝以归"。① 金朝封建官制的建立离不开对典籍所载成熟体制的直接借鉴与在治国实践中的运用。

> 金人之入汴也，时宋承平日久，典章礼乐粲然备具。金人既悉收其图籍，载其车辂、法物、仪仗而北，时方事军旅，未遑讲也。既而，即会宁建宗社，庶事草创。皇统间，熙宗巡幸析津，始乘金辂，导仪卫，陈鼓吹，其观听赫然一新，而宗社朝会之礼亦次第举行矣。继以海陵狼顾，志欲并吞江南，乃命官修汴故宫，缮宗庙社稷，悉载宋故礼器以还。外而黩武，内而纵欲，其猷既失，奚敢议礼乐哉。②

当然，这里面仍然存在着唐代政治体制的影响。如：

> 故唐制，凡中书、门下及三品以上入阁，必遣谏官随之，俾与闻政事，冀其有所开说。今省台以下，遇朝奏事则一切回避，与诸侍卫之臣旅进旅退。殿廷论事初莫得闻，及其已行，又不详其始末，遂事而谏，欺亦难矣。顾谏职为何如哉？若曰非材，择人可也，岂可置之言责而疏远若此。乞自今以往，有司奏事谏官得以与闻，庶望少补。且修注之职，掌记言动，俱当一体。上从之。③

---

① 〔元〕脱脱等：《金史》，卷78，列传16《刘彦宗》，北京：中华书局1975年版，第1770页。
② 〔元〕脱脱等：《金史》，卷28，志9《礼一》，北京：中华书局1975年版，第691页。
③ 〔元〕脱脱等：《金史》，卷107，列传45《高汝砺》，北京：中华书局1975年版，第2352页。

再如:

> 前代官到任之后,即举可自代者,其令自今五品以上官,举自代以备交承。吏部按《唐会要》建中元年敕文,文武常参官外,节度、观察、防御、军使、刺史、赤令、畿令、并七品以上清官、大理司直评事,受命之三日,于四方馆上表,让一人以自代,外官则驰驿奏闻。①

(三)图书典籍与辽金法制体系的建设

"在辽太祖神册六年以前,契丹社会一直处于习惯法的控制之下"。为适应新形势的变化,② 辽太祖神册六年(921)即着手编撰成文法律。

> 神册六年,克定诸夷,上谓侍臣曰:"凡国家庶务,巨细各殊,若宪度不明,则何以为治,群下亦何由知禁。"乃诏大臣定制契丹及诸夷之法,汉人则断以律令,仍置钟院以达民冤。③

立法的特点是针对汉民族和契丹等其他少数民族采取了不同的法律条文。虽然目前还没有史料显示《唐律》以典籍的形式为辽所有,但针对汉人实施的律令条文无疑是依据《唐律》,所以早就有学者在对比辽代刑法与《唐律》后指出,"辽代刑法有'参酌国俗'的方面,但它从立法伊始就参用以《唐律》为主的'汉律',它的成文法的形式及其内容实际上有

---

① 〔元〕脱脱等:《金史》,卷54,志35《选举四》,北京:中华书局1975年版,第1207页。

② 田富:《辽朝刑法制度研究》,吉林大学硕士论文,2021年,第8页。

③ 〔元〕脱脱等:《辽史》,卷61,志30《刑法志上》,北京:中华书局2016年版,第1039页。

第五章　辽金时期图书出版对北方民族文化融合的作用

许多是与唐律基本相同的。"① 应该说这种认识是比较客观并符合历史实际的，而且以唐律作为日后修订刑法的标准也为之后的辽代统治者所遵循，辽承天太后在景宗死后辅佐圣宗执政，即"重视以汉式法律作为适用于所有臣民的标准法律"，并"以汉式法律为基础，非正式地解决了在她之前出现的所有争端"②，取得了较好的治理成效。

金代的刑法制度体系的建立更多是受到宋朝的影响。宋初统治者十分重视运用法律来管理国家，规范社会秩序，所以有宋以来制订出版的法典数量比较多，为梁启超曾评价说：

> 宋代法典之多，实前古所未闻，每易一帝，必编一次。甚者每改一元，必编一次。盖终宋之世，殆靡岁不从事于编纂法典之业，其法典内容，非必悉相异，殆因沿前法，略加修正而已。然莫不衰然成一巨帙，少者亦数十卷，多者乃至数百卷，亦可谓极千古之壮观矣。③

虽然宋代法典众多，但刻板印行的法典中则要以《宋刑统》为基础。《宋刑统》对金代刑法产生了重要影响。

> 建隆四年（963）八月，窦仪、苏晓、奚屿、张希让、冯叔向等人制定《宋建隆详定刑统》（简称《宋刑统》），太祖下诏大理寺刻板摹印，颁行天下，成为中国历史上第一部刻板印行的封建法典。④

---

① 杨黛：《辽代刑法与〈唐律〉比较研究》，载《杭州大学学报（哲学社会科学版）》，1998年第2期，第16—22页。
② 傅海波、崔瑞德：《剑桥中国辽西夏金元史》，北京：中国社会科学出版社1998年版，第105页。
③ 梁启超：《论中国成文法编制之沿革得失》，见梁启超：《饮冰室合集·文集之十六》，上海：上海中华书局1936年版，第27页。
④ 何勤华、钱泳宏等：《法律文明史》，第7卷，中华法系，北京：商务印书馆2019年版，第184—185页。

金朝初年法制简易,"无轻重贵贱之别,刑、赎并行",金正式的编纂成文法是在熙宗时期,"皇统间,参酌隋、唐、辽、宋律令,以为皇统制条"。即皇统三年(1143),"诏诸臣,以本朝旧制,兼采隋、唐之制,参辽、宋之法,类以成书,名曰《皇统制》颁行中外"。海陵时法制混乱,"率意更改,或同罪异罚,或轻重不伦,或共条重出,或虚文赘意"。世宗"以正隆《续降制书》多任己意,伤于苛察。而与皇统之《制》并用,是非淆乱,莫知适从,奸吏因得上下其手。遂置局,命大理卿移剌慥总中外明法者共校正"。①大定二十九年(1189),移剌慥奉命修订律例:

> 取皇统旧制及海陵续降,通类校定,通其窒碍,略其繁碎。有例该而条不载者,用例补之。特阙者用律增之。凡制律不该及疑不能参决者,取旨画定,凡特旨处分,及权宜条例内有可常行者,收为永格。其余未可削去者,别为一部。大凡一千一百九十余,为十二卷。书奏,诏颁行之,赐银币有差。②

章宗时设置详定所,专门审定律、令。明昌三年(1192),右司郎中孙铎将详定所校《名例篇》进呈。后又经多次详定,终于在泰和元年(1201)十二月修成《泰和律义》,次年正式颁行。

金朝法制从最初的简易法到章宗年间形成完备的法制体系,吸纳借鉴中原王朝法律制度,摒弃了女真原始法中的野蛮与残酷,建立了更为文明的封建社会的法制制度。记载前朝法制的典籍为金朝立法原则的确立及具体法律条文的制定提供了详细具体的参照,"历采前代刑书宜于今者,以

---

① 〔元〕脱脱等:《金史》,卷45,志26《刑》,北京:中华书局1975年版,第1015页。
② 〔元〕脱脱等:《金史》,卷89,列传27《移剌慥》,北京:中华书局1975年版,第1987页。

补遗阙，取《刑统》疏文以释之，著为常法，名曰《明昌律义》"，① 发挥了图书典籍的文化传承功能。

（四）图书典籍对辽金礼乐制度的影响

辽金礼乐制度的建立和完善，同样以中原汉族政权为参照，记载中原政权礼乐制度的图书典籍成为主要依据。如辽朝皇帝受册仪等即参照中原王朝而定，"太平元年，行此仪，大略遵唐、晋旧仪。又有《上契丹册仪》以阻午可汗柴册礼盒唐礼杂就之。又有《上汉册仪》与此仪大同小异，加以《上宝仪》"②。而"辽雅乐歌辞，文阙不具；八音器数，大抵因唐之旧"。③ 对于唐代《十二和》乐，曾为梁和后唐更名或沿用，辽朝最初是直接使用，后来虽然进行名字的更改，但其内容仍没有变化，如：

> 唐《十二和》乐，辽初用之：《豫和》祀天神，《顺合》祭地祇，《永和》享宗庙，《肃和》登歌奠玉帛，《雍和》入俎接神，《寿和》酌献饮神，《太和》节升降，《舒和》节出入，《昭和》举酒，《休和》以饭，《正和》皇后受册以行，《承和》太子以行。初，梁改唐《十二和》乐为《九庆》乐，后唐建唐宗庙，仍用《十二和》乐，晋改为《十二同》乐。《辽杂礼》：天子出入，奏《隆安》；太子行，奏《贞安》。则是辽尝改乐名矣。余十《安》乐名缺。④

---

① 〔元〕脱脱等：《金史》，卷45，志26《刑》，北京：中华书局1975年版，第1015页。

② 〔元〕脱脱等：《辽史》，卷52，志21《礼志五》，北京：中华书局2016年版，第955页。

③ 〔元〕脱脱等：《辽史》，卷54，志23《乐志》，北京：中华书局2016年版，第982页。

④ 〔元〕脱脱等：《辽史》，卷54，志23《乐志》，北京：中华书局2016年版，第982页。

文化认同视阈下辽金时期图书出版楔入北方文化融合进程研究

"金朝雄踞于北方,继承了中原王朝的礼仪文明,形成了以中原礼制为核心的包括各族礼俗在内的礼制体系,与南宋共同发展着中华礼仪文明。"① 虽然金初太祖、太宗时期实行的还是女真旧制的祭天礼,但他们已经对金政权的礼仪制度的建设提前做了准备,将宋记载礼仪制度的典籍和礼器运回北方,"太宗取汴,得宋之仪章钟磬乐簴,挈之以归"。② 直到熙宗进行封建制改革时才依照中原汉制建立礼仪制度。

> 参酌唐《开元礼》,定拟释奠仪数:文宣王、兖国公、邹国公每位笾豆各十、牺尊一、象尊一、簠簋各二、俎二、祝版各一,皆设案。七十二贤、二十一先儒,每位各笾一、豆一、爵一,两庑各摄像尊二。总用笾、豆各一百二十三,簠簋各六,俎六,牺尊三,象尊七,爵九十四。其尊皆有坫。罍二,洗二,篚勺各二,幂六。正位并从祀藉尊、罍、俎、豆席,约用三十幅,尊席用苇,俎、豆席用莞。牲用羊、豕各三,酒二十瓶。③

随着统治秩序的稳定和封建化进程的加深,金代礼制也愈加完备。

> 世宗即兴,复收向所迁宋故礼器以旋,乃命官参校唐、宋故典沿革,开'详定所'以议礼,设'详校所'以审乐,统以宰相通学术者,于一事之宜适、一物之节文,既上闻而始汇次,至明昌初书成,凡四百余卷,名曰《金纂修杂录》。凡事物名数,支分派引,珠贯棋布,井然有序,炳然如丹。又图吉、凶二仪:卤簿十三节以备大葬,

---

① 徐洁:《金代祭礼研究》,吉林大学博士论文,2012年,第2页。
② 〔元〕脱脱等:《金史》,卷39,《乐上》,北京:中华书局1975年版,第882页。
③ 〔元〕脱脱等:《金史》,卷35,志16《礼八》,北京:中华书局1975年版,第816页。

第五章　辽金时期图书出版对北方民族文化融合的作用

小卤簿九节以备郊庙。而命尚书左右司、春官、兵曹、太常寺各掌一本，其意至深远也。是时，宇内阜安，民物小康，而维持几百年者实此乎基。呜呼，礼之为国也信矣夫。而况《关雎》《麟趾》之化，其流风遗躅被于后世者，为何如也。①

总体看来，金代礼制仍是沿袭前代的比较多，因此，大定十四年，国子监言：

> 岁春秋仲月上丁日，释奠于文宣王，用本监管房钱六十贯，止造茶食等物，以大小楪排设，用留守司乐，以乐工为礼生，率仓场等官陪位，于古礼未合也。伏睹国家承平日久，典章文物当粲然备具，以光万世。况京师为首善之地，四方之所观仰，拟释奠器物、行礼次序，合行下详定。兼衮国公亲承圣教者也，邹国公力扶圣教者也，当于宣圣像左右列之。今孟子以燕服在后堂，宣圣像侧还虚一位，礼宜迁孟子像于宣圣右，与颜子相对，改塑冠冕，妆饰法服，一遵旧制。②

> 十五年，言事者谓今正旦并万春节，宜令有司定拜日之礼。有司援据汉、唐春分朝日，升烟奠玉如圜丘之仪。又按唐《开元礼》南向设大明神位，天子北向，皆无南向拜日之制。今已奉敕以月朔拜日，宜遵古制，殿前东向拜。诏姑从南向。其日，先引臣僚于殿门外立，陪位立殿前班露台左右，皇帝于露台香案拜如上仪。③

---

① 〔元〕脱脱等：《金史》，卷28，志9《礼一》，北京：中华书局1975年版，第691—692页。

② 〔元〕脱脱等：《金史》，卷35，志16《礼八》，北京：中华书局1975年版，第815—816页。

③ 〔元〕脱脱等：《金史》，卷29，志10《礼二》，北京：中华书局1975年版，第722页。

(五) 宋朝历书与辽金历法

辽金时期采用的主要历法根据宋朝不同时期的历书而编制,并成为北方各民族使用比较广泛的历法。

> 晋天福四年,司天监马重绩奏上《乙未元历》,号《调元历》,太宗所收于汴是也。穆宗应历十一年,司天王白、李正等进历,盖《乙未元历》也。圣宗统和十二年,可汗州刺史贾俊进新历,则《大明历》是也。高丽所志《大辽古今录》称,统和十二年始颁正朔改历,验矣。《大明历》本宋祖冲之法,具见沈约《宋书》。①

> 辽始徵历梁、唐。入晋之后,奄有帝制,《乙未》《大明》历法再变。穆宗应历六年,周用显德《钦天历》;十年,宋用建隆《应天历》;景宗乾亨四年,宋用《乾元历》;圣宗统和十九年,宋用《仪天历》;太平元年,宋用《崇天历》;道宗清宁十年,宋用《明天历》;大康元年,宋用《奉元历》;大安七年,宋用《观天历》;天祚皇帝乾统六年,宋用《纪元历》。五代历三变,宋凡八变,辽终始再变。历法不齐,故定朔置闰,时有不同,览者惑焉。作《闰考》。②

金代司天台负责推算历法,在宋历的基础上,结合女真族历史文化,于天会年间制《大明历》,"金有天下百余年,历唯一易。天会五年(1127),司天杨级始造《大明历》十五年(1137)春正月朔,始颁行

---

① 〔元〕脱脱等:《辽史》,卷42,志12《历象志上》,北京:中华书局2016年版,第594页。
② 〔元〕脱脱等:《辽史》,卷43,志13《历象志中》,北京:中华书局2016年版,第619—620页。

第五章 辽金时期图书出版对北方民族文化融合的作用

之。"① 宋范成大在《揽辔录》当中对此历有所记载:

> 其历曰"大明历",一道忌日十二。亦有通行小本历头,与中国异者,每日互注吉凶,谓如庚寅岁正月二日出行乘船、动土凶,拜官吉之类。而最可笑者,虏本无年号,自阿骨打始有"天辅"之称,今四十八年矣。小本历通具百二十岁,相属某年生。而四十八岁以前,虏无年号,乃撰造以足之。重熙四年,清宁、咸雍、太康、大安各十年,盛昌六年,乾通十年,大庆四年,收国二年以接于天辅。②

通过这段史料可以大致了解《大明历》共有一百二十年,在天辅之前的日历是补充的,共六十六年。正隆、大定时所用《大明历》出现与天象不吻合的情况:

> 戊寅三月辛酉朔,司天言日当食,而不食。大定癸巳(1173)五月壬辰朔,日食,甲午十一月甲申朔,日食,加时皆先天。丁酉(1177)九月丁酉朔,食乃后天。由是占候渐差。

于是司天监赵知微重修《大明历》十一年(1171)重修完成。

> 时翰林应奉耶律履亦造《乙未历》。二十一年(1181)十一月望,太阴亏食,遂命尚书省委礼部员外郎任忠杰与司天历官验所食时刻分秒,比校知微、履及见行历之亲疏,以知微历为亲,遂用之。"经过

---

① 〔元〕脱脱等:《金史》,卷21,志2《历上》,北京:中华书局1975年版,第441页。
② 〔宋〕范成大:《揽辔录》,见赵永春辑注:《奉使辽金行程录》(增订本),北京:商务印书馆2017年版,第399—400页。

与赵知微历的比较,因《乙未历》不如《大明历》而不用。"明昌初,司天又改进新历,礼部郎中张行简言:'请俟他日月食,覆校无差,然后用之。'事遂寝。是以终金之世,惟用知微历。"①

二、图书典籍成为汇聚各民族心理的黏合剂

中华民族的形成与发展经历了漫长的社会历史发展过程,这个过程既是中华民族心理的形成与发展过程,也是民族心理反向推动中华民族形成的过程。共同的民族心理是中华民族不可缺少的,也是中华民族最持久、最稳定的特征。

> 民族心理不仅具有共同倾向性和相对稳定性的特性,还具有社会历史性的特性。民族心理的社会历史性表现在民族心理的形成与发展受到社会历史条件的制约,这一方面表明了民族心理的内容是对一定社会发展阶段的社会经济文化状况的反映,另一方面也意味着就总体而言,民族心理的发展与社会经济文化的发展同步,因为心理系统发展的开放性使其必然地接受社会经济文化的影响。②

因此,作为社会经济文化重要组成部分的图书出版事业的发展,必然对辽金时期北方各民族心理的发展变化产生影响,并最终成为汇聚各民族心理的重要因素。

---

① 〔元〕脱脱等:《金史》,卷21,志2《历上》,北京:中华书局1975年版,第442页。

② 潘志清:《西南少数民族心理特征嬗变研究》,南宁:广西人民出版社2006年版,第10页。

第五章　辽金时期图书出版对北方民族文化融合的作用

(一) 图书典籍与辽金社会尊孔崇儒风气的形成

辽金是由少数民族建立的多元民族政权。辽金统治者清晰地意识到，依靠本民族固有的传统文化，无法实现政权的发展和壮大，必须借鉴以中原文化为代表的中华文化。而中华文化内涵十分丰富，确定哪一种思想作为治国理政的指导思想，则是统治者亟待解决的重大问题。在此过程中，儒家思想以其固有的优势赢得了统治者的认同与推崇。

辽太祖采纳太子耶律倍的"孔子大圣，万世所尊，宜先"建议，"建孔子庙，诏皇太子春秋释奠"①，确立了"以儒治国"的基本策略，并为后继者所承袭。辽兴宗耶律宗真"好儒术"②，道宗于大安二年（1086）正月，"召权翰林学士赵孝严、知制诰王师儒等讲《五经》大义"，③并"召枢密直学士耶律俨讲《尚书洪范》。五月辛亥，命燕国王延禧写《尚书·五子之歌》"。④ 崇儒之风自上而下日盛一日，"至景（宗）、圣（宗）间，则科目聿兴，士有由下僚擢升侍从，骎骎崇儒之美"。⑤ 辽朝各帝不但率先垂范，还对臣下有重要影响。辽圣宗深谙汉文化的精髓，"道释二教，皆洞其旨；缕缕音声，特所精彻"。还"亲以契丹字译白居易《讽谏集》召番臣等读之"。⑥ 北宋陈襄出使辽以后也发现，辽朝皇帝（当为辽道宗）

---

① 〔元〕脱脱等：《辽史》，卷72，列传2《宗室》，北京：中华书局2016年版，第1333—1334页。

② 〔元〕脱脱等：《辽史》，卷18，本纪18《兴宗一》，北京：中华书局2016年版，第239页。

③ 〔元〕脱脱等：《辽史》，卷24，本纪24《道宗四》，北京：中华书局2016年版，第329页。

④ 〔元〕脱脱等：《辽史》，卷25，本纪25《道宗五》，北京：中华书局2016年版，第334—335页。

⑤ 〔元〕脱脱等：《辽史》，卷103，列传33《文学上》，北京：中华书局2016年版，第1593页。

⑥ 〔宋〕叶隆礼：《契丹国志》，卷7，圣宗天辅皇帝，上海：上海古籍出版社1985年版，第71页。

十分重视儒学,"观言其君好儒释二典,亦尝见仁宗皇帝《三宝藏》钦叹久之"。① 上行下效,辽帝的主观意愿也影响到了臣下。辽兴宗时重臣马保忠,发现皇帝"溺于浮屠"以致"朝政不纲",即大胆进谏说:

> 强天下者,儒道;弱天下者,吏道。今之授官,大率吏而不儒。崇儒道,则乡党之行修;修德行,则冠冕之绪崇。自今其有非圣帝明王孔孟圣贤之教者,望下明诏,痛禁绝之。②

金代尊孔崇儒之风的兴起,源自上层统治者的积极推动。

一是重视对孔庙的保护,倡导尊孔崇儒之风。金宋战争之时,中原地区物质与文化在战乱中遭受严重破坏,"庐舍为之灰烬,原野厌乎流血,沟壑填于残骸"③。作为中原传统文化标志的孔庙也未能幸免,有的"毒于兵火,煨烬之余,仅存讲堂"④,有的"兵火之余,踪迹荡尽"⑤"悉为将兵毁折"⑥。但统治阶级上层了解到孔子的地位之后,立刻显现出对圣人的崇敬。

二是女真贵族率先学习儒学,以上率下推动确立儒学为治国理政核心思想。与历史上其他少数民族政权明显不同的是,女真上层贵族尤其是皇

---

① 〔宋〕陈襄:《神宗皇帝即位使辽语录》,见赵永春:《奉使辽金行程录》(增订本),北京:商务印书馆2017年版,第74页。
② 〔宋〕叶隆礼:《契丹国志》,卷19,列传《马保忠》,上海:上海古籍出版社1985年版,第180页。
③ 〔宋〕李心传:《建炎以来系年要录》,卷37,北京:中华书局1985年版,第704页。
④ 〔清〕张金吾:《金文最》,卷22《曲沃县建庙学记》,北京:中华书局1990年版,第301页。
⑤ 〔清〕张金吾:《金文最》,卷66《万全县重修宣圣庙碑》,北京:中华书局1990年版,第958页。
⑥ 〔清〕张金吾:《金文最》,卷65《创建文庙学校碑》,北京:中华书局1990年版,第934页。

第五章 辽金时期图书出版对北方民族文化融合的作用

室对儒学的热衷程度格外引人注目。金熙宗完颜亶自幼即接受儒学教育，拜著名汉族士人为师，遍览儒学经典，以至其"虽不能明经博古，而稍解赋诗翰，雅歌儒服，烹茶焚香，弈棋战象，徒失女真之本态耳……宛然一汉家少年子也"，他即位为帝后更是广泛吸纳儒学之士的建议，致力于"宫室之状，服御之美，妃嫔之盛，燕乐之侈，乘舆之贵，禁卫之严，礼义之尊，府库之限，以尽中国为君之道"。① 把儒学文化的核心内容发挥和运用得淋漓尽致。继熙宗之后的海陵王完颜亮也从幼年始接受儒学教育，"好读书，学弈象戏、点茶，延接儒生，谈论有成人器"，② 以至"渐染中国之风，颇有意于书史"③ 对儒学和史书用力颇深。其他也有很多宗室成员通过结交汉族文人来学习儒学，如完颜允恭"专心学问，与诸儒臣讲义于承华殿。燕闲观书，乙夜忘倦，翌日辄以疑字付儒臣校证"。④ 金世宗完颜雍非常推崇孝治，经常督导东宫职官加强对皇子们的孝道教育，"东宫讲书或论议间，当以孝俭德行正身之事告之"，⑤ 在皇子和诸王间倡导孝道、和睦相处，"人之行，莫大于孝弟。孝弟无不蒙天日之祐。汝等宜尽孝于父母，友于兄弟"。⑥ 上行下效，女真部民也要加强孝道教育。正是女真贵族对儒学的积极推崇与亲身践行，直接促使儒学成为金代社会的核心治国思想。

---

① 〔宋〕徐梦莘：《三朝北盟会编》，卷166《炎兴下帙六十六》，上海：上海古籍出版社2008版，第1197页。
② 宇文懋昭撰，崔文印点校：《大金国志校证》，北京：中华书局1986年版，第185页。
③ 〔宋〕徐梦莘：《三朝北盟会编》，卷242《炎兴下帙一百四十二》，上海：上海古籍出版社2008年版，第1740页。
④ 〔元〕脱脱等：《金史》，卷19，本纪19《世纪补》，北京：中华书局1975年版，第410页。
⑤ 〔元〕脱脱等：《金史》，卷78，列传16《刘彦宗》，北京：中华书局1975年版，第1773页。
⑥ 〔元〕脱脱等：《金史》，卷7，本纪7《世宗中》，北京：中华书局1975年版，第161页。

三是金统治者将儒学要旨吸纳至治国策略之中。随着金政权的稳固，儒学越来越被统治者所尊崇，天会十五年（1137），金熙宗"兴制度礼乐，立孔子庙于上京"，① 并于天眷三年（1140）下诏"以孔子四十九代孙璠袭封衍圣公"。② 次年又亲自赴孔子庙祭祀，并对臣下们讲"孔子虽无位，以其道可遵，使万世高仰如此"。③ 从制度上确立了对儒学的认同，体现了金政权对汉文化积极主动吸纳的态度。这种认同的制度化还表现在对孔子后裔的接续册封上，世宗于大定三年（1163）七月"以孔总为袭封衍圣公"④，大定二十三年（1183）"以尚书右丞张当弼摄太尉，致祭于至圣文宣王庙"⑤，金对孔子后裔的隆崇，对儒学的重视，甚至超越了中原历代王朝，孔元措评价说"皇朝重道之宏规，前此所未见闻也"。⑥

辽金社会尊孔崇儒风气的形成，直接推动了儒学典籍的出版与流通。辽道宗清宁元年，即道宗即位之初便"诏设学养士，颁《五经》传疏，置博士、助教各一员"⑦。咸雍十年，又"诏有司颁行《史记》《汉书》"等。⑧ 金代儒学典籍的刻印与出版以官刻为主，民间坊刻为辅。见于史料

---

① 〔元〕脱脱等：《金史》，卷105，列传43《孔璠》，北京：中华书局1975年版，第2311页。

② 〔元〕脱脱等：《金史》，卷4，本纪4《熙宗》，北京：中华书局1975年版，第76页。

③ 〔元〕脱脱等：《金史》，卷35，志16《礼八》，北京：中华书局1975年版，第815页。

④ 〔元〕脱脱等：《金史》，卷6，本纪6《世宗上》，北京：中华书局1975年版，第132页。

⑤ 〔元〕脱脱等：《金史》，卷8，本纪8《世宗下》，北京：中华书局1975年版，第183页。

⑥ 〔清〕张金吾：《金文最》，卷41《孔氏祖庭广记序》，北京：中华书局1990年版，第595页。

⑦ 〔元〕脱脱等：《辽史》，卷21，本纪21《道宗一》，北京：中华书局2016年版，第287页。

⑧ 〔元〕脱脱等：《辽史》，卷23，本纪23《道宗三》，北京：中华书局2016年版，第314页。

第五章 辽金时期图书出版对北方民族文化融合的作用

记载的金代官方刻书机构主要有国子监、弘文院、秘书监、史馆等,其他如尚书省、南京路转运司也曾刻印过少量典籍。但总的来看,金代国子监仍是官方刻书的核心机构,《周易》《礼记》《论语》等儒学主要经典大多由其刻印发行。

> 凡《经》,《易》则用王弼、韩康伯注,《书》用孔安国注,《诗》用毛苌注、郑玄笺,《春秋左氏传》用杜预注,《礼记》用孔颖达疏……皆自国子监印之,授诸学校。"①

尊孔崇儒风气的形成和儒学典籍的广泛流通,使儒学观念逐渐深入大多数人的头脑并指导其思维与实践。辽代素以正直著称的谏议大夫马得臣就经常运用儒家学说劝说辽帝:

> 圣宗即位,皇太后称制,兼侍读学士。上阅唐高祖、太宗、玄宗三纪,得臣乃录其行事可法者进之。及扈从伐宋,进言"降不可杀,亡不可追,二三其德者别议"。诏从之。俄兼谏议大夫,知宣徽院事。②

看到辽圣宗"击鞠无度",于是又进谏,并深得辽帝赞赏和接纳。

> 今陛下以球马为乐。愚臣思之,有不宜者三,故不避斧钺言之。窃以君臣同戏,不免纷争,君得臣愧,彼负此喜,一不宜;跃马挥杖,纵横驰骋,不顾上下之分,争先取胜,失人臣礼,二不宜;轻万

---

① 〔元〕脱脱等:《金史》,卷51,志32《选举一》,北京:中华书局1975年版,第1131—1132页。

② 〔元〕脱脱等:《辽史》,卷80,列传10《马得臣》,北京:中华书局2016年版,第1409页。

乘之尊，图一时之乐，万一有衔勒之失，其如社稷、太后何？三不宜。倘陛下不以臣言为迂，少赐省览，天下之福，群臣之愿也。①

金世宗时期的张汝霖"少聪慧好学"，世宗曾和他探讨唐太宗：

世宗谓曰："朕观唐史，见太宗行事初甚历尽，晚年与群臣议多饰辞，朕不如是也。"又曰："唐太宗，明天子也，晚年亦有过举。朕虽不能比迹圣帝明王，然常思始终如一。今虽年高，敬慎之心无时或怠。"汝霖对曰：古人有言，"靡不有初，鲜克有终，"有始有卒者其唯圣人乎。魏徵所言守成难者，正谓此也。上以为然。②

金章宗锐意于治平，徒单镒上书给章宗，其中将儒家思想运用得十分充分：

臣窃观唐、虞之书，其臣之进言于君曰"戒哉"，"懋哉"，曰"吁"，曰"都"。既陈其戒，复导其美。君之为治也，必曰"稽于众，舍己从人"。既能听之，又能行之，又从而兴起之。君臣上下之间相与如此。陛下继兴隆之运，抚太平之基，诚宜稽古崇德，留意于此，无因物以好恶喜怒，无以好恶喜怒轻忽小善，不恤人言。夫上下之情有通塞，天地之运有否泰，唐陆贽尝陈隔塞之九弊，上有其六，下有其三。陛下能慎其六，为臣子者敢不慎其三哉。上下之情既通，则大纲举而群目张矣。进尚书右丞，修史如故。③

---

① 〔元〕脱脱等：《辽史》，卷80，列传10《马得臣》，北京：中华书局2016年版，第1410页。

② 〔元〕脱脱等：《金史》，卷83，列传21《张汝霖》，北京：中华书局1975年版，第1866页。

③ 〔元〕脱脱等：《金史》，卷12，本纪12《章宗四》，北京：中华书局1975年版，第285页。

第五章　辽金时期图书出版对北方民族文化融合的作用

金章宗时期以儒治国也取得了显著成效，所以《金史》对金章宗给予了高度评价：

> 赞曰：章宗在位二十年，承世宗治平日久，宇内小康，乃正礼乐，修刑法，定官制，典章文物粲然成一代治规。①

"民族心理在它发展的历史过程中，一切表象，总是处于那个时代的哲学思想影响之下，无不受到一定哲学思想的支配。"而"这些哲学思想渗透到社会生活的各个方面，广泛地发挥着作用。通过社会舆论、学校教育、书籍、报刊等方式，灌输到人们的头脑中"。②综上所述，儒学典籍与尊孔崇儒社会风气的形成，对于凝聚民族心理发挥了重要作用。因此有学者坦言，"我国北方民族所建立的政权，正是因为没有脱离儒家思想，而才成为正统和中华民族的重要组成部分"。③

（二）图书典籍与辽金"中国"观的嬗变

图书典籍的出版与流通在加速和巩固了辽金对中原汉文化历史认同的同时，对辽金"中国"观的形成与发展产生了一定影响，并在此基础上逐步萌发且形成了"同为中国"的意识。

辽自称"中国"表现为自称"炎黄子孙"，见于《辽史》记载。《辽史·太祖纪赞》认为：辽之先，出自炎帝，世为审吉国。④《辽史·世表》

---

① 〔元〕脱脱等：《金史》，卷12，本纪12《章宗四》，北京：中华书局1975年版，第285页。
② 杨昌儒：《民族理论论纲》，贵阳：贵州人民出版社2006年版，第178页。
③ 张博泉：《中华一体的历史轨迹》，沈阳：辽宁人民出版社1995年版，第407页。
④ 〔元〕脱脱等：《辽史》，卷2，本纪2《太祖下》，北京：中华书局2016年版，第26页。

记载:

> 庖羲氏降,炎帝氏、黄帝氏子孙众多,王畿之封建有限,王政之布濩天穹,故君四方者,多二帝子孙,而自服土中者本同出也。考之宇文周之《书》辽本炎帝之后,而耶律俨称辽为轩辕后。俨《志》晚出,盍从周《书》。盖炎帝之裔曰葛乌菟者,世雄朔陲,后为冒顿可汗所袭,保鲜卑山以居,号鲜卑氏。既而慕容燕破之,析其部曰宇文,曰库莫奚,曰契丹。契丹之名,昉见于此。①

对此,通过契丹人墓志碑刻及相关文献也可以得到佐证,辽圣宗在《赐圆空国师诏》中,使用了"上从轩皇,下逮周发,皆师资保,用福邦家,斯所以累德象贤"②等词语。辽《永清公主墓志》记载:"国家系轩辕黄帝之后"③,《大契丹国夫人萧氏墓志》称萧氏丈夫耶律污斡里"其先出自虞舜"④。二是袭用中原即中国、九州即中国的理念,自称"中国"。如辽道宗耶律洪基"尝听侍臣讲《论语》至'北辰居其所而众星拱之'"时表达了不同的看法,认为"吾闻北极之下为枢,此岂基地耶?"⑤"从这则史料中可以看出,在辽道宗朝'九州'和'十二州'学说已经广为流传

---

① 〔元〕脱脱等:《辽史》,卷63,表1《世表》,北京:中华书局2016年版,第1051—1052页。

② 陈述:《全辽文》,卷1圣宗《赐圆空国师诏》开泰二年,北京:中华书局1982年版,第15页。

③ 袁海波、李宇峰:《辽代汉文〈永清公主墓志〉考释》,载《中国历史文物》,2004年第5期,第71—76页。

④ 金永田:《大契丹国夫人萧氏墓志及画像石初探》,见苏赫主编:《中国北方古代文化国际学术讨论会论文集》,北京:中国文化出版社1995年版。

⑤ 〔宋〕叶隆礼:《契丹国志》,卷9《道宗天福皇帝》,上海:上海古籍出版社1985年版,第95页。

第五章　辽金时期图书出版对北方民族文化融合的作用

了。"① 三是袭用"懂礼即中国"的思想观念。辽道宗耶律洪基在听到侍臣"又讲至'夷狄之有君',疾读不敢讲"时又发表意见说:"上世獯鬻、猃狁荡无礼法,故谓之'夷'。吾修文物,彬彬不渝中华(中原地区、中原皇朝),何嫌之有?"所以"卒令讲之"②。"可见,辽人也依据自孔子以来汉儒在典籍中有关'诸侯用夷礼则夷之,进于中国则中国之'的思想学说,大力张扬夷人懂礼即为'中国',为自称'中国'制造理论根据。"③ 四是自称"北朝"。见于史料明确记载的有:辽太宗会同十年(947)正月,对拟建立后汉政权的刘知远说:"汝不事南朝,又不事北朝,意欲何所俟邪?"④ 再如《新五代史》记载,张砺不肯接受"三品冠服"并说:"吾在上国时,晋遣冯道奉册北朝,道赍二貂冠,其一宰相韩延徽冠之,其一命我冠之。今其可降服邪!"⑤

辽人积极主张与五代和宋朝互称"南朝"和"北朝",不仅具有沿袭历史上对南北不同政权的习惯称谓、辽人意欲提高自己以取得和北宋平等地位以及后来意欲凌驾于北宋之上的用意,还应该寓有更深层次和含义,那就是强调"南朝"和"北朝"是"一家"。⑥

---

① 赵永春:《中国古代东北民族的"中国"认同》,哈尔滨:黑龙江人民出版社2015年版,第103页。
② 〔宋〕叶隆礼:《契丹国志》,卷9《道宗天福皇帝》,上海:上海古籍出版社1985年版,第95页。
③ 赵永春:《中国古代东北民族的"中国"认同》,哈尔滨:黑龙江人民出版社2015年版,第109页。
④ 司马光等:《资治通鉴》,卷286《后汉高祖天福十二年正月癸丑条》,北京:中华书局1956年版,第9336页。
⑤ 〔宋〕欧阳修:《新五代史》,卷72《四夷附录第一》,北京:中华书局1974年版,第898页。
⑥ 赵永春等:《中国古代东北民族的"中国"认同》,哈尔滨:黑龙江人民出版社2015年版,第122页。

文化认同视阈下辽金时期图书出版楔入北方文化融合进程研究

女真人建立政权前后,对于自称"中国"还没有清晰的意识,而且明确称北宋为"中国":"宣和五年(1123),驱燕山士庶,多有归中京、辽水者,云:'我与中国约,同取燕云,中国得其地,我得其人。'"① 因为"一般说来,当汉族建立的政权与少数民族建立的政权同时存在时,中原的夏政权理所当然地被视为正统王朝,而'夷'政权亦安于非正统地位"。② 所以当金人灭亡北宋之际,宗翰曾说:"天生华夷,自有分域,中国岂吾所据"③,仍以"夷"自居。随着图书典籍的广泛流通,特别是金统治阶级上层对汉民族文化的认同与吸收,金人自称"中国"观念日益突出。金熙宗完颜亶接受了韩昉等汉族儒士的教导,深入学习了中国传统文化,史籍中记载章宗的形象为:

> 虽不能明经博古,而稍解赋诗翰,雅歌儒服,烹茶焚香,奕棋战象,徒失女真之本态耳。由则是与旧大功臣,君臣之道殊不相合,渠视旧大功臣则曰:'无知夷狄也。'旧大功臣视渠则曰:"宛然一汉家少年子也。"④

在古代中国,"汉人"或"汉"往往是"中国"的代名词,完颜亶作为女真贵族把不学汉文化而无知的女真人视为"夷狄",明显是自视为"汉人"、自称"中国"的意识逐渐明晰。及至金世宗、金章宗时期,金人自称"中国"的意识的进一步发展和加强,言语中直接自称金国为"中

---

① 〔宋〕徐梦莘:《三朝北盟会编》,卷24《政宣上帙二十四》,上海:上海古籍出版社2008年版,第181页。
② 郭康松:《辽朝夷夏观的演变》,载《中国史研究》,2001年第2期,第90—96页。
③ 〔宋〕徐梦莘:《三朝北盟会编》,卷71《靖康中帙四十六》,上海:上海古籍出版社2008年版,第536页。
④ 〔宋〕徐梦莘:《三朝北盟会编》,卷166《炎兴下帙六十六》,上海:上海古籍出版社2008年版,第1197页。

第五章 辽金时期图书出版对北方民族文化融合的作用

国","彼置忠义保捷军,取先世开宝、天禧纪元,岂忘中国者哉",① "宋虽羁栖江表,未尝一日忘中国,但力不足耳"。②

需要指出的是,根据学界目前研究成果可以看出,辽金自称"中国"的同时也承认宋朝为"中国",即辽金认为辽金与宋同为"中国"。重熙十三年(1044),辽兴宗欲征伐西夏,遣使告知宋时称"元昊负中国当诛",③ 此处的"中国"即指宋朝。宋朝起用司马光为相,"辽人敕其边吏曰:'中国相司马矣,切勿生事开边隙。'"④ 对于金而言,除自称"中国"外,先是以辽为"中国",并以辽朝的继承者自居,金政权建立后即曾"遣人使大辽,以求封册",⑤ 因此在金朝后期组织"德运"问题大讨论时,"秘书郎吕贞干、校书郎赵泌以为,圣朝先辽国以成帝业,辽以水为德,水生木,国家宜承辽运为木德",⑥ 明确提出了金朝应该继承辽朝水德以为木德的观点。金与北宋并立时期,金人称北宋为"中国"。进据燕山后金太祖回绝宋使赵良嗣请求归还时说:"云中久为我有,中国安得之。"⑦ 北宋灭亡南宋建立后,金人也称南宋为"中国",如大定八年(1168)金世宗在册命皇太子的《册命仪》中就说:"绍中国之建储,稽礼

---

① 〔元〕脱脱等:《金史》,卷98,列传36《完颜匡》,北京:中华书局1975年版,第2167页。
② 〔元〕脱脱等:《金史》,卷93,列传31《独吉思忠》,北京:中华书局1975年版,第2064页。
③ 〔宋〕李焘:《续资治通鉴长编》,卷151《仁宗庆历四年》,北京:中华书局2004年版,第3668页。
④ 〔宋〕李焘:《续资治通鉴长编》,卷387《哲宗元祐元年》,北京:中华书局2004年版,第9415页。
⑤ 〔宋〕徐梦莘:《三朝北盟会编》,卷3《政宣上帙三》,上海:上海古籍出版社2008年版,第22页。
⑥ 佚名:《大金德运图说》,文渊阁四库全书本。
⑦ 〔宋〕徐梦莘:《三朝北盟会编》,卷16《政宣上帙十六》,上海:上海古籍出版社2008年版,第112页。

经而立嫡。"① 此处的"中国"并非自指,而是指汉人建立的政权,自然也包括南宋在内。

综上,再结合学界现有研究成果可以认为,辽金不但自称"中国",因其界定"中国"的标准较为宽泛,因此同时期的其他政权也被其称为"中国",特别是辽金宋均同为"中国"。辽金"中国"观念的嬗变并非无源之水,而是有着一定理论渊源与依据,这与辽金时期图书典籍的广泛流通有着密切关系。特别是这些文化典籍中所蕴含的儒学思想,对于辽金"中国"意识的萌发、观念的形成起着重要作用。"辽金王朝以'中国'自居则使'中国之民'不再仅仅代指汉族,也包括了在辽金王朝统治之下生活着的契丹族、女真族、党项族、蒙古族等诸多少数民族",因此"'中国'一词不再是区分少数民族与汉族的民族标记,而成为少数民族与汉族共有的政治符号,成为统一多民族国家的代名词"。② 也就是说,辽金"中国"观念的提出与发展,对于凝聚北方各民族的心理产生了重要影响,为统一的中华民族的形成起到了黏合作用。

(三) 图书典籍与辽金教育事业的发展

"民族心理发生、发展离不开所处的社会环境因素的影响,教育作为其中的一个不可缺少的因素对民族心理的形成具有特殊的价值和功能。"③ 辽金时期图书典籍的出版为教育事业发展提供了必要的物质基础,教育事业的发展反过来又推动了图书出版事业的进步,二者相辅相成,相互促进。

---

① 张玮:《大金集礼》,卷8《大定八年册命仪》,文渊阁四库全书本。
② 郑炜、崔明德:《辽金时期民族关系思想的发展与中华民族多元一体格局的形成》,载《中南民族大学学报(人文社会科学版)》,2010年第4期,第55页。
③ 王军等:《教育民族学》,北京:中央民族大学出版社2007年版,第232页。

第五章　辽金时期图书出版对北方民族文化融合的作用

为了加强统治，迅速扩大和巩固政权基础，辽朝建立政权伊始即仿照唐宋之制，在中央与地方设置官私学校以培养人才。神册三年（918），辽在上京即建立国子监及下属的太学与孔庙，"辽南面国子监，太祖置于上京。中京国子学隶焉"①"南国子监，监北孔子庙"。② 中央设有国子监和太学，地方则设有上京学、中京学、南京学、东京学和西京学，即"五京学"。但无论中央与地方、官学与私学，使用的课本主要是儒家经典，"道宗清宁五年诏设学养士，颁经及传疏，置博士、助教各一员"③，辽大安五年（1089），"仍诏谕学者，当穷经明道"④。作为启蒙识字的课本主要有《三字经》《百家姓》《千字文》《论语》《蒙求》等。⑤ 辽朝统治者还仿效中原王朝实行科举取士制度，并将儒家典籍确定为考试的主要内容。金初的科举考试是循辽旧制。"金天会元年（1123）始设科举，有辞赋，有经义，有同进士，有同三传，有同学究，凡五等"，"辞赋之初，以经传子史内出题，次又令逐年改一经，亦许注内出题，以《书》《诗》《易》《礼》《春秋》为次，盖循辽旧也"。⑥ 需要指出的是，《论语》是儒家的经典著述之一，也是辽代学校教育的基本课本和科举考试的必备书目，备受社会推崇。正因为学校教育和科举取士以儒学典籍为主，儒学经典在辽代社会流通比较广泛，也造就了辽代较多博通经史的士人。如萧韩家奴，"博览

---

① 〔明〕王圻纂辑：《续文献通考》，第3卷，卷93《职官考》，北京：现代出版社1983年版，第1396页。

② 〔元〕脱脱等：《辽史》，卷37，志7《地理志一》，北京：中华书局2016年版，第499页。

③ 〔明〕王圻纂辑：《续文献通考》，第2卷，《学校考》，北京：现代出版社1983年版，第821页。

④ 〔元〕脱脱等：《辽史》，卷25，本纪25《道宗五》，北京：中华书局2016年版，第336页。

⑤ 陈述：《辽代教育史论证》，见陈述：《辽金史论集（一）》，上海：上海古籍出版社1987年版，第151页。

⑥ 〔清〕张金吾：《金文最》，卷45《登科记序》，北京：中华书局1990年版，第652页。

经史,通辽、汉文字";① 耶律庶成的侄子耶律蒲鲁,聪明好学,"甫七岁,能诵契丹大字。习汉文,未十年,博通经籍。重熙中,举进士第。"② 奚人萧蒲奴,"聪敏嗜学,不数年,涉猎经史"。③ 就连精通佛学的僧人也对儒学典籍颇有钻研,高僧觉苑所著《大日经义释演密抄》广征儒书、经史。④ 同时,诵经习儒成为辽代社会各级各类教育的主要内容。《列女·邢简妻陈氏传》曾记载:"陈氏甫笄,涉通经义,凡览诗赋,辄能诵,尤好吟咏,时以女秀才名之。年二十,归于简,……有六子,陈氏亲教以经。"⑤

女真人治下的金政权是在亡辽灭宋的基础上建立起来的,以武力征服了辽与北宋的臣民,政权建设面临的一个重要问题便是稳固对各族人民的统治。金朝初期为稳定占领区,采取了大规模移民政策,将汉人、契丹人与女真人安排杂居。这一强制性措施旨在监视与控制契丹人与汉人,并取得了一定成效。但民族间较大的文化差异是造成各族人民思想隔阂的原因之一,民族间的认同与融合是实现多民族政权稳定的重要因素之一。金统治者认识到获得其他政权及治下人民的人认同是其得以长治久安的关键,民族文化认同是女真政权发展的必经之路,而实现民族文化认同的主要途径即文教事业的举办和科举制度的推行,这也就为图书典籍的出版与流通创造了有利的环境。

金代官学分为中央和地方两个系统。中央官学始设于海陵王天德三年

---

① 〔元〕脱脱等:《辽史》,卷103,列传33《文学上》,北京:中华书局2016年版,第1593—1594页。

② 〔元〕脱脱等:《辽史》,卷89,列传19《耶律庶成》,北京:中华书局2016年版,第1487页。

③ 〔元〕脱脱等:《辽史》,卷87,列传17《萧蒲奴》,北京:中华书局2016年版,第1469页。

④ 陈述:《辽代教育史论证》见陈述:《辽金史论集》(第一辑),上海:上海古籍出版社1987年版,第140—158页。

⑤ 〔元〕脱脱等:《辽史》,卷107,列传37《列女》,北京:中华书局2016年版,第1620页。

第五章　辽金时期图书出版对北方民族文化融合的作用

（1151），起初只有国子监，而后又于大定六年设立太学，大定十三年（1173）设立女真国子学等。金代地方官学相比于辽代更为普遍，主要有府学、州学、节镇学和防御州学等，同时还设立了与女真国子学、女真小学相对应的诸路女真府学。金代私学不但起步较早，而且发展迅速，成为官学的重要补充。加之金代很早就开科取士，使金代社会对学校教材与科举用书的需求激增，成为推动金代图书出版向前发展的主要动力。"金承辽后，凡事欲轶辽世，故进士科目兼采唐、宋之法而增损之。"诸宫护卫及省台部译史、令史、通事，仕进皆列于正班，斯则唐、宋以来之所无者，岂非因时制宜，而以汉法为依据者乎。金活纯驳，议者于是每有别焉。金设科皆因辽、宋制，有辞赋、经义、策试、律科、经童之制。

> 凡经，《易》则用王弼、韩康伯注，《书》用孔安国注，诗用毛苌注、郑玄笺，《春秋左氏传》用杜预注，《礼记》用孔颖达疏，《周礼》用郑玄注、贾公彦疏，《论语》用何晏集注、邢昺疏，《孟子》用赵岐注、孙奭疏，《孝经》用唐玄宗注，《史记》用崔骃注，《前汉书》用颜师古注，《后汉书》用李贤注，《三国志》用裴松之注，及唐太宗《晋书》、沈约《宋书》、萧子显《齐书》、姚思廉《梁书》《陈书》、魏收《后魏书》、李百药《北齐书》、令狐德棻《周书》、魏徵《隋书》、新旧《唐书》、新旧《五代史》，《老子》用唐玄宗注疏，《荀子》用杨倞注，《扬子》用李轨、宋咸、柳宗元、吴秘注，皆自国子监印之，授诸学校。①

金代图书典籍的刻印以官刻为主，民间坊刻为辅。金代官方刻书机构首推国子监，金代国子监也具有同北宋国子监一样的职能，既是全国的最高学府，又是中央教育机构，负责在培养人才的同时，承担文化传承的另

---

① 〔元〕脱脱等：《金史》，卷51，志32《选举一》，北京：中华书局1975年版，第1131—1132页。

一项功能,即刻印图书,以传播文化。据史书记载,金国子监刻印了五经十七史作为官学的统一教材,颁发各地学府。五经即《易》《书》《诗》《春秋左氏传》《礼记》,中央政府对经书所用的注疏使用哪个人的注本都做了严格细致的规定,以求统一版本、统一传播内容。除了五经,国子监还刻有《周礼》《论语》《孟子》《孝经》《老子》《荀子》《扬子》等。经书的刻印表明女真统治者认识到经书在统一各族人民思想方面的重要性,刻印与颁行,就是要实现从上到下的文化认同。金世宗时曾一次性大规模刻印女真字《孝经》千部,最能表明这一目的性。世宗是通过推翻海陵的统治而登上皇位的。鉴于海陵当初弑杀熙宗时就有亲军参与协助,世宗吸取了这一教训,认识到加强对亲军的教化是防止弑君事件再次发生的重要手段。梁肃奏:"汉之羽林,皆通《孝经》。今之亲军,即汉之羽林也。臣乞每百户赐《孝经》一部,使之教读,庶知臣子之道,其出职也,可知政事。"而后,世宗也说:"人之行,莫大于孝,亦由教而后能。"① 梁肃明确指出读《孝经》可使人通晓作为臣子应尽的道义,本质上就是理解君臣父子之间的伦理关系。因此,他请求为每百户亲军赐予一部《孝经》。这一建议恰好与世宗的意图相吻合——世宗完全认同《孝经》的思想,并认为在亲军中宣扬孝道可以规范他们的行为,培养最重要的德行。基于此,世宗下诏刻印并赐予亲军女真文版的《孝经》。大定初年,亲军的数量为四千人。二十二年(1182),省为三千五百人。大定二十三年(1183),朝廷一次刻女真字《孝经》千部付点检司分赐护卫亲军。估计所刻数量在一千左右,亲军人数为三千五百人,从数量上来看,并非每人分赐一部,而是多人赐一部,但也比梁肃所奏请的每百户赐一部要多。金代《孝经》的刻印与赏赐从另一个角度充分反映了图书刻印与文化认同之间的双向关系:它既是文化认同的结果,同时也加速了文化认同的进程。

---

① 〔元〕脱脱等:《金史》,卷89,列传27《梁肃》,北京:中华书局1975年版,第1984—1985页。

第五章　辽金时期图书出版对北方民族文化融合的作用

金代的刻书系统中的民间刻书也很兴盛，其中包括以商业经营为主的坊刻系统和以个人学习与收藏为目的的私人刻书系统。其中商业书坊集中的地区形成了金代的几大坊刻中心，有南京、平阳、宁晋等地。元人王恽记载，河北宁晋荆氏书坊的主人荆祐祖上以制陶为业，后来改革书坊刻书，就曾刻印过《五经》等儒学典籍，"世陶洨滨，逮祖及祢以改业是图，曰：'与其供器用于一乡，何如以普及人为优。'于是板行《五经》等书。"① 另外如平水地区的刘敬仲刻印《尚书注疏》、无法考证具体哪家书坊刻印的《春秋纂例》等。② 民间的私人刻书没有政治目的，亦无营利的需求，纯粹出于对儒学的尊崇与终身学习的需求，更能够体现对中原文化的认同。

另外，金代文人编撰经部书籍并注释儒学经典蔚然成风，推动了图书出版事业的发展。金代长期以来所奉行的尊孔崇儒政策，确定了金代士人学术研究的基本走向，涌现出赵秉文、王若虚等比较有代表性的经学家，他们所编撰的各类儒学典籍对当时乃至后世产生了重要影响。如赵秉文虽然对道家等各家思想文化均有所涉猎，但用力最多的仍是儒家经典。杨云翼说他："盖其学，一归诸孔孟。而异端不杂焉，故能到如此，所谓儒之正、理之主尽在是矣。天下学者，景附风靡，知所适从，虽有狂澜横流，障而东之，其有功吾道也大矣！"③ 再如经学大师王若虚著有《滹南遗老集》四十五卷，其中《五经辨惑》二卷、《论语辨惑》五卷、《孟子辨惑》一卷，对儒学经典进行了诸多质疑、考证与阐释，成为有金一代经学研究的集大成者。

自汉代以来，为经典儒学文献作注、传、疏者，不计其数，儒学

---

① 黄成助：《宁晋县志》，台北：成文出版社1969年版，第1135页。
② 罗树宝：《中国古代印刷史》，北京：印刷工业出版社1993年版，第208页。
③ 〔清〕张金吾：《金文最》，卷41《闲闲老人滏水集序》（元光二年），北京：中华书局1990年版，第590页。

著述更是汗牛充栋。至宋以后，学风大变，对经文的解释注重义理而忽略训诂，疑传疑经思潮甚盛，其流末甚至会牵强附会，妄加揣度。①

宋以前为儒学经典注释并阐发义理的风气到了金代仍为部分文人所继承并有所发展。金末的著名经学家王若虚就没有全盘接受宋代儒学之士微言大义的解经传统，而采用兼顾义理和训诂的解经方法，形成了自己的特色。如注重以人情解经，强调读经时要体察人之常情，而不能局限于经文、字义、词义，而且也不能随意猜测，"盖君子之道，人情而已"。②

在长期的发展与演变中，每个民族都形成了带有自己民族特色的心理模式，它们通过遗传、环境以及文化、教育等因素的作用而被固化于民族群众中，每个民族都以自己所特有的心理方式或心理模式作用于外部世界。③

辽金时期图书出版的发展，特别是儒学典籍的出版与流通，对于形塑各民族共同的心理性格发挥了重要作用。

整个中国封建社会的历史，儒家始终道统不绝，占据着中国思想文化舞台的中心，为历代王朝提供理论基础，并对我国文化教育事业的发展，对中华民族的民族心理性格形成，产生重大影响。④

---

① 杨珒：《女真统治下的儒学传承——金代儒学及儒学文献研究》，成都：四川大学出版社2014年版，第167页。
② 〔金〕王若虚：《〈滹南遗老集〉校注》卷2《五经辨惑》，胡传志、李定乾校注，沈阳：辽海出版社2006年版，第15页。
③ 施咏：《中国传统乐论》，南京：东南大学出版社2018年版，第9页。
④ 武斌：《中华文明养成记》，广州：广东人民出版社2022年版，第178页。

第五章 辽金时期图书出版对北方民族文化融合的作用

而由于"民族心理的内涵是文化,因此民族心理的形成过程就是文化的内化过程。所谓文化的内化,就是指文化通过某种方式和途径进入民族成员的心理结构的过程",① 图书典籍是文化的重要载体,进而成为汇聚各民族心理的黏合剂之一。正如有些学者所说的:

> 随着汉族与边疆各民族皆学习儒家经典,学习内容的一致性使其获得了相同的历史认同与心理认同,加之《三字经》《百家姓》《蒙求》等基础教育课本的推广与使用,使得占人口绝大多数的农民与市民阶层的识字率和文化水平得到极大提高,《蒙求》等蒙学课本中所蕴含的最浅显的人生哲理,成为各民族人民的生活准则与行为规范,为各民族的交往、交流、交融奠定了最广泛的群众基础。②

三、图书典籍成为各民族文化融合的重要载体

(一)诗文集的出版

辽金政权虽是契丹和女真少数民族所建立,但随着两个政权汉化程度的逐渐加深,辽金时期的文化特别是文学方面的成就也较为突出,这无疑是北方各少数民族与汉族融合的重要表现。"辽金元文学的卓异成就,又是北方民族文化与汉文化融合的伟大果实。"③ 辽金时期文学方面的成就较为丰富,尤其是在诗歌创作方面与唐诗文献整理方面,推动了诗集类图书的编纂与出版。

---

① 王军等:《教育民族学》,北京:中央民族大学出版社2007年版,第226页。
② 韩雨默、孙国军:《宋辽金元:通用语言文字推广及多元一体格局研究》,载《辽宁师范大学学报(社会科学版)》,2023年第3期,第153—159页。
③ 张晶:《辽金元文学论稿》,北京:北京广播学院出版社2004年版,第2页。

文化认同视阈下辽金时期图书出版楔入北方文化融合进程研究

1. 辽金文人诗集的出版

辽朝贵族深受汉文化影响,对于文学方面的爱好特别是诗歌比较突出,因此清人赵翼曾在《廿二史札记》中单列了"辽族多好文学"一节,对于辽代喜好诗歌的贵族及其作品进行了诸多介绍。① 耶律倍之子平王隆先"为人聪明,博学能诗,有《阆苑集》行于世"。② 圣宗时人耶律资忠"博学,工辞章,年四十未仕。圣宗知其贤,召补宿卫……四年,再使高丽,留弗遣。资忠每怀君亲,辄有著述,号《西亭集》"。③ 耶律庶成"幼好学,书过目不忘。善辽、汉文字,于诗尤工。重熙初,补牌印郎君,累迁枢密直学士,与萧韩家奴各进《四时逸乐赋》上磋赏……有诗文行于世"。④ 聂冠卿于仁宗宝元二年(1039)出使辽朝,辽兴宗对他说:"'君家先世奉道,子孙固有昌者。'尝观所著《蕲春集》极清丽。因自击球纵饮,命冠卿赋诗,礼遇特厚。"⑤ 辽道宗在文学修养方面造诣很高,擅长诗赋,作品清新雅丽,著有《清宁集》。"辽人别集见于记载的,有十余种,诗集尚有若干种。有些别集,卷帙已颇繁富,如圣宗时刘京集竟至40卷之多。与刘京同时的契丹作家萧柳,多智能文,经人收录其诗千篇,名为《岁寒集》。"⑥ 值得提出的是,在辽代女性诗人群体特别引人注目。如辽

---

① 〔清〕赵翼:《廿二史札记》,卷27,北京:商务印书馆1958年版,第538页。
② 〔元〕脱脱等:《辽史》,卷72,列传2《宗室》,北京:中华书局2016年版,第1336页。
③ 〔元〕脱脱等:《辽史》,卷88,列传18《耶律资忠》,北京:中华书局2016年版,第1478页。
④ 〔元〕脱脱等:《辽史》,卷89,列传19《耶律庶成》,北京:中华书局2016年版,第1485—1486页。
⑤ 〔元〕脱脱等:《宋史》,卷294,列传53《柳植 聂冠卿》,北京:中华书局1977年版,第9820页。
⑥ 周惠泉、孙黎、周晖:《辽金元文学:民族融合的结晶》,载《社会科学辑刊》,2000年第2期,第143页。

第五章 辽金时期图书出版对北方民族文化融合的作用

道宗皇后萧观音,"姿容冠绝,工诗,善谈论。自制歌词,尤善琵琶"。①《回心院》《十香词》等皆为其经典作品,后人评价其作品"词意并茂,有宋人所不及者,谓非山川灵秀之气独钟于后不可也"。② 博览汉典的耶律隆庆之妻秦晋国妃"性不好韵律",但"能于文辞,其歌诗赋脉,落笔则传诵朝野,脍炙人口。撰《见志集》若干卷行于代"。③

"金代皇族成员的文学创作及其作品结集出版,是金代最高统治者加强文化思想统治、促进民族融合等政治策略的组成部分,更是中华民族融合在思想文化方面的重要体现。"④ 金代贵族密国公完颜璹是世宗完颜雍之孙,"于书无所不读",涉猎广泛,对汉文化有着很高的造诣,"少日师三川朱巨观学诗、龙岩任君谟学书,真积日久,遂擅出蓝之誉","字画得于苏、黄之间",还"以《资治通鉴》为专门。驰骋上下千有三百余年之事,其善恶是非、得失成败,道之如目前。贯穿他书,考证同异,虽老于史学者,不加详也"。深得汉文化之精髓,因此在与汉族士人交往中"举止谈笑真一老儒,殊无娇贵之态"。⑤ 他"平生诗文甚多。自删其诗,存三百首,乐府一百首,号《如庵小稿》"。⑥ 唐诗对金代的影响不仅限于皇室贵族,其他官吏与文人对唐诗也有不同程度的喜好与擅长。"前时孙铎、贾铉俱为尚书,铉拜参知政事,而铎再任,对贺客诵唐张在诗,有郁郁

---

① 〔元〕脱脱等:《辽史》,卷71,列传1《后妃》,北京:中华书局2016年版,第1326页。

② 郭预衡:《中国古代文学史长编·宋辽金卷》,北京:首都师范大学出版社1993年版,第513页。

③ 向南:《辽代石刻文编·秦晋国妃墓志》,石家庄:河北教育出版社1995年版,第341—342页。

④ 孙宏哲:《民族融合视域下金代皇族涉佛文学创作》,载《黑龙江民族丛刊》,2018年第1期,第124页。

⑤ 阎凤梧:《全辽金文》,太原:山西古籍出版社2002年版,第3234页。

⑥ 〔元〕脱脱等:《金史》,卷85,列传23《世宗诸子》,北京:中华书局1975年版,第1905页。

意。下劲奏之,铎坐降黜。既而复申前请,遂以金吾卫上将军致仕,薨。"① "刘昂字之昂,兴州人。大定十九年进士。曾、高而下七世登科。昂天资警悟,律赋自成一家,作诗得晚唐体,尤工绝句。"②

2. 对唐宋诗词文献的整理出版

对于辽金而言,"真正的诗歌创作,都是在契丹人、女真人大量吸收、掌握了汉文化之后。辽诗、金诗中的作者有些是契丹人、女真人,但其创作并非用契丹、女真文字,而基本上是用汉文,所有一切艺术形式完全是汉诗系统"。③ 因此,辽金诗歌必然会受到唐宋时期诗歌的影响,表现之一即唐宋诗词在辽金时期的被追捧和结集出版。

在辽代,无论是契丹诗人还是契丹的汉族文人,所创作的诗歌"实际是中华诗歌尤其是唐诗的继承与发扬,而其诗作的内涵,体现出北方少数民族特有的文化心理"。④ 其中,著名唐代诗人"白居易的作品在辽代很受推崇,辽圣宗自称'乐天诗集是吾师',并亲自用契丹文字翻译白居易的《讽谏集》。其中一个重要的原因当是白居易'辞质而径''言直而切'的追求与北方民族的艺术观颇有相切之处"。⑤ 虽然除用契丹文翻译白居易的《讽谏集》外,目前还没有发现辽朝对唐诗文献的整理情况,但从一些诗的风格和意蕴来看,契丹诗歌深受唐代其他诗人影响,如辽代长诗《醉义歌》不但"有李白、杜甫的灵魂闪现其中",而且其中的诗句和"李商隐

---

① 〔元〕脱脱等:《金史》,卷66,列传4《宗室》,北京:中华书局1975年版,第1568页。
② 〔元〕脱脱等:《金史》,卷126,列传64《文艺下》,北京:中华书局1975年版,第2732页。
③ 张晶:《辽金诗史》,沈阳:东北师范大学出版社1994年版,第9页。
④ 负晓娜:《辽金元唐诗文献学研究》,河南大学硕士论文,2015年,第4页。
⑤ 于静宇、高颖、赵丹丹:《碰撞、交流、融合——论战争媒介与辽金宋的文学交流》,载《内蒙古社会科学(汉文版)》,2006年第1期,第124页。

第五章　辽金时期图书出版对北方民族文化融合的作用

《无题》'庄生晓梦迷蝴蝶'一句相似",① 因此可以肯定唐代诗集在辽朝一定会有所传播并产生了较大影响。相较于辽而言，金代诗歌先后受宋唐影响较大，特别是对于唐诗的文献整理比较突出，也出版了具有代表性的诗歌典籍。

在金代流通的唐宋诗词文集数量较为可观，这主要是因为政府发挥了主导作用，"学士院新进唐杜甫、韩愈、刘禹锡、杜牧、贾岛、王建，宋王禹偁、欧阳修、王安石、苏轼、张耒、秦观等集二十六部"。② 这就为金人研究唐宋诗词特别是对比研究提供了必要的条件，刘潜《归潜志》就对比分析了两个朝代诗歌的特点，认为与宋诗相比唐诗更长于发人所欲，以情动人，"荡人血气"。③ 金代中晚期的文坛盟主可谓是诗界领袖的赵秉文对唐诗的研究非常有见地：

> 尝谓古人之诗，各得其一偏，有多其性之似者。若陶渊明、谢灵运、韦苏州、王维、柳子厚、白乐天得其冲淡，江淹、鲍明远、李白、李贺得其峭峻，孟东野、贾浪仙又得其幽忧不平之气。若老杜可谓兼之矣。然杜陵知诗之为诗，未知不诗之为诗。而韩愈又以古文之浑浩溢而为诗，然后古今之变尽矣。④

这一思想也深深影响了赵秉文的学生元好问。元好问的诗学成就很高，以规范李、杜，力复唐音为特色，"其诗学理论的代表作，当首推历

---

① 负晓娜：《辽金元唐诗文献学研究》，河南大学硕士论文，2015 年，第 5 页。
② 〔元〕脱脱等：《金史》，卷 9，本纪 9《章宗一》，北京：中华书局 1975 年版，第 219 页。
③ 〔金〕刘祁：《归潜志》，卷 13，北京：中华书局 1983 年版，第 146 页。
④ 陶秋英编选：《宋金元文论选》，北京：人民文学出版社 1984 年版，第 439 页。

代传诵的《论诗三十首》"。① 不但如此，元好问还对唐诗文献进行了整理，先后编撰了《杜诗学》和《唐诗鼓吹》等书籍。《杜诗学》一书目前虽已不可得，但从元好问撰写的《杜诗学引》一文可窥一斑。

> 乙酉之夏，自京师还，闲居崧山，因录先君子所教与闻之师友之间者为一书，名曰《杜诗学》子美之传志、年谱及唐以来论子美者在焉。候见儿子辈可与言，当以告之，而不敢以示人也。②

元好问编撰的另一部唐诗集是十卷本的《唐诗鼓吹》，虽然也有人对元好问编撰此书表示怀疑，"读《唐诗鼓吹》此书传出元遗山，后人疑之"。③ 但大多学者还是比较相信出自元好问，并给予详细介绍：

> 遗山《唐诗鼓吹》十卷，郝天挺之注。郝注世无传本，经明万历间廖文炳补注，清初钱朝鼒、王俊臣、王清臣、陆贻典等重复删改笺注，原来面目，益复不可寻见。此元刊本十卷，为家藏旧帙，题"资善大夫中书左丞郝天挺注"④。

除元好问整理的唐诗文集外，还有王绘的《注太白诗》，"绘字质夫，济南人，天会二年进士。《武陟道中》诗云：'梧叶重胜迎日露，荞秧薄要护霜云'，人颇称之。后仕至太常卿。有《注太白诗》行于世"⑤，可惜此

---

① 文师华：《金元诗学理论研究》，北京：商务印书馆2018年版，第223页。
② 姚奠中主编，李正民增订：《元好问全集》（增订本），卷36《杜诗学引》，太原：山西古籍出版社2004年版，第750—751页。
③〔清〕李慈铭著，由云龙辑：《越缦堂读书记》，上海：上海书店出版社2000年版，第1180页。
④ 潘景郑：《著砚楼书跋》，上海：古典文学出版社1957年版，第319页。
⑤〔金〕元好问：《中州集》，上海：华东师范大学出版社2014年版，第494页。

第五章 辽金时期图书出版对北方民族文化融合的作用

书已佚不得见。但总的来看，元好问对唐宋诗词的整理并出版还是相当突出的，"好问蔚为一代宗匠，四方碑板铭志尽趋其门。其所著文章诗若干卷、《杜诗学》一卷、《东坡诗雅》三卷、《锦機》一卷、《诗文自警》十卷。"① 除前面提及的以外，还有诗文理论选编《诗文自警》，宋诗词选编《东坡诗雅》《东坡乐府集选》等。元好问是金代"由己及人的、全方位的、集大成性的文献传承与传播实践"② 者。

于静宇在《碰撞、交流、融合、论战争媒介与辽金宋的文学交流》一文中谈到，金朝对北宋文化系统的继承主要是其中体现北方文化精神的成分。袁桷《乐侍郎诗集序》云："方南北分裂，二帝所尚，唯眉山苏氏学。"③ 因为苏学上承柳宗元、刘禹锡等，以儒学为主，吸摄道、释、统三教精神，长于经济，讲求实用，较之长于"性理""名教"的洛学、临川之学更适合于统治者建国立教之需，也更接近于北方文化质朴务实的特点。"苏学行于北"实际上是文化选择的结果。更是民族文化融合的突出表现。因此也可以肯定，辽金时期诗集类图书的出版与传播也是北方民族融合的突出表现之一。

（二）宗教类典籍的出版

汉魏时佛教传入我国，儒释道三教之间冲突与斗争、借鉴与吸纳的历史由此展开。在长时期的磨合与调适过程中，三教人士渐渐意识到，无论哪一方都绝无可能排斥其他一方而独霸中国的思想文化领域。三教共存的局面将是中国文化发展的一个重要趋势，并不会因为王朝的更替或国家的不统一而发生根本性改变。从隋唐时期开始，儒释道"三教合一"思想不断发展，加之隋唐政权又提倡"三教并举，客观上促进民族融合，并对周

---

① 〔元〕脱脱等：《金史》，卷126，列传64《文艺下》，北京：中华书局1975年版，第2742页。
② 王永：《唐宋古文纵论》，北京：中国传媒大学出版社2020年版，第160页。
③ 〔元〕袁桷：《清容居士集》，卷21，上海：商务印书馆1936年版，第388页。

边诸族产生了一定影响"。① 据此有学者认为,"从北宋后期,到宋金时期,儒释道在中国北方三教合一,形成了全真教。此后,全真教可以说成了道教的主要流派。而在民间下层真正是三教并举,老百姓拜孔子,拜老子,拜菩萨,儒释道三教真正地深入了人心。"② 辽金政权虽然以儒学作为治国理政的主体思想,但并没有遏制佛道两教的发展,而是采取了三教并用的策略,虽然重视程度略有差异,但三教融合发展的局面在辽金时期并未因此而中断。

辽代图书出版中最引人注目的是佛经的刊刻。据《辽史》《契丹国志》等文献的记载,辽代编纂的图书种类也较为丰富,凡经学、史学、诗文、佛经等不一而足。加之比较发达的官刻、私刻系统,大多数图书得以刊刻流通。但纵观辽代图书出版的概况,辽朝对雕印佛经投入的精力最多,成果也最为丰富。辽圣宗、兴宗时,即由朝廷"出御府钱"在涿州白带山云居寺组织刻经,自太平七年至清宁三年镌刻《大般若经》八十卷,《大宝积经》一百二十卷,"以成四大部数也,都揔合经碑二千七百三十条"。③ 而在佛经的刊刻中,又以《辽藏》即《大藏经》的刊刻最为突出。辽朝历史上中央政府曾两次大规模进行木板雕印《大藏经》仅就高丽王朝而言,辽朝就曾四次赐赠该经,其中的第四次是在辽天祚帝乾统七年(1107)正月,"庚寅,辽遗高存寿来贺生辰仍赐大藏经"。④ 不仅如此,辽政府还组织人力在房山石刻《大藏经》留存了《辽藏》的大致内容和体系,在保留佛教文献方面具有不可磨灭的功绩。正如著名专家周绍良先生所讲:

---

① 陈义初:《河洛文化与殷商文明》,郑州:河南人民出版社2007年版,第555页。
② 叶桂桐、叶茜:《论草原文化》,郑州:河南文艺出版社2021年版,第396页。
③ 〔清〕王昶:《金石萃编》,卷153,北京:中国书店1985年版,第598页。
④ 〔日〕市岛谦吉:《高丽史》,卷12《睿宗一》,北京:劳动新闻出版印刷所1957年版,第182页。

第五章　辽金时期图书出版对北方民族文化融合的作用

> 房山石经之镌刻，固然肇始于隋唐，但继起完成这项艰巨工作的却是辽代。没有这一代人的努力，隋唐时代的创举，仍然不过像响堂山的刻经一样，表现不出它的特色来。①

在金代，寺院雕印佛经以弘扬佛法和促进佛法传播是毋庸讳言的。金代佛经出版的一件盛事就是由私人募化资金，集合民间信众的力量雕印了一部七千卷的大藏经，也称《金藏》。此经的募雕活动从皇统九年（1149）始，历时三十年而成。此藏虽非金朝官方出资雕印，但统治者对于民间雕印大藏经的行为给予高度认可，给予印本以极为隆重的待遇，与历朝大藏经所受待遇相比，《金藏》"眷遇之隆，古未有也"。② 金代道教的发展在中国道教史上具有特殊的地位。金代新道教中全真教派影响最大，其在教义中明确提出"三教合一"，为道教理论的更新及在金代获得更广泛的社会支持提供了理论依据。随着全真教的快速发展，传播教义教规的全真教典籍的出版需求日益增加，出版数量逐渐增多，于世宗与章宗时达到最大规模。金代全真教的典籍主要有：王重阳著《重阳全真集》《金关玉锁诀》《重阳授丹阳二十四诀》、丘处机《大丹直指》、刘处元著《至真语录》《阴符经注》《道德经注》、马钰著《金丹口诀》《神光灿》《洞元金玉集》《渐悟集》、谭处端著《水云集》《道德真经全解》《通玄类证》《道德真经取善集》等。这些诗文集，全面系统地阐述了全真教教义、教制、教规。为便于教徒记诵，利于广泛传播，有的还以诗词歌赋的形式宣扬其教旨。从一定意义上讲，全真教的异军突起，与全真教典籍的出版密切相关。

书籍是文化的产物，其产生过程反映了文化的发展进程，通过书籍的出版来窥探文化的发展变迁是必要的。隋唐时期开始逐步形成的儒、释、

---

① 周绍良：《房山石经与〈契丹藏〉》，载《法音》，1981年第3期，第13页。
② 李际宁：《佛教大藏经研究论稿》，《最初敕赐弘教大师雕藏经板院记》，北京：宗教文化出版社2007年版，第12页。

道三教融合趋势在辽金时期特别是金代呈现出更为明确的发展态势。金儒赵秉文著《道德真经解》会通儒、道,李纯甫著《鸣道集解》合三家为一;道教王喆在《全真集》中提出了儒、佛、道本一家理论;僧人万松行秀《从容庵录》中会通了儒、道、释三教。这些著述将三教合一理论推向了一个新的阶段,为中华民族文化的形成做出了重要贡献。在一定意义上讲,"三教融合是民族融合的一个深层次的体现",[①] 因此辽金时期宗教类典籍的刻印与出版也就成为北方各民族文化融合的重要表现。

(三) 字书与韵书的出版

随着契丹、女真与汉民族融合的不断加深,着汉装、说汉话、改汉姓成为辽金社会的一种潮流。特别是说汉话、学汉字对于进一步了解汉文化发挥着尤为突出的作用,所以辽金社会对于字书与韵书的需求也日益强烈,有学者在分析金代河北何以出现字书、韵书编纂繁荣原因时曾讲道:

> 在前代汉人的典籍(在此主要指字书和韵书)得到保留,并为人们所崇尚、学习的前提下,伴随着民族融合程度的逐步深入,人们对字书和韵书的认识与使用也在逐步深化,这些得以保留下来的字书、韵书中的不足之处也开始暴露出来,对其进行修订和完善也就逐渐成了当时人们的共同诉求,加之河北的宁晋就是金代的刻书中心,孕育着字书、韵书产生的物质条件,因此,我们认为,民族融合的客观效应在很大程度上催化了金代河北字书、韵书编纂繁荣局面的出现。[②]

---

① 《中华文化通志》编委会:《中华文化通志·晋文化志》,上海:上海人民出版社2010年版,第147页。

② 孙青:《金代河北的字书、韵书编纂研究》,河北大学硕士论文,2013年,第33页。

第五章　辽金时期图书出版对北方民族文化融合的作用

由此可以看出，辽金时期字书韵书的编纂与出版，也是北方民族融合的鲜明标志。

辽代影响较大的研究语言文字的书籍有两部，即《龙龛手镜》和《续一切经音义》。其中，由辽代僧人行均所编纂的四卷本《龙龛手镜》是一部字书。

> 其书中凡部首之字，以平、上、去、入为序，各部之字复用四声列之于后。每字之下必详列正、俗、今、古及或作诸体。所录凡二万六千四百三十余字，注文十六万三千一百七十余字，总计十八万九千六百一十多字，可补《说文》《玉篇》所未备。①

这部字书"在当时是一项打破陈规旧例别出心裁的作品，自立体系，按四声编排，收集了当时民间流行的简体字……对许慎《说文》以下的字书是革新；对当时用字特别是辽地用字说是实录"。② 所以有学者认为僧人行均编纂此书的目的在于"让世人正确使用汉字，准确地翻译佛经"③ 还是有一定根据的。《续一切经音义》是辽代燕京崇仁寺僧人希麟仿照《一切经音义》作者慧琳的书例，对《开元释教录》以后的佛经续加音注而成，共计10卷。《续一切经音义序》中对希麟编纂此书的大致过程进行了较为详细的记述，"伏以钞主无碍大师，天生睿智，神授英聪，总讲群经，遍糅章钞，传灯在念，利物在心，见音义以未全，虑检文而有阙，因贻华翰，见命菲才，遗对曦光，轭扬萤烛。"④

---

① 李锡厚、白滨：《辽金西夏史》，上海：上海人民出版社2003年版，第432页。
② 陈述：《辽代史话》，郑州：河南人民出版社1981年版，第85页。
③ 罗仲辉：《印刷史话》，北京：中国大百科全书出版社2003年版，第101页。
④ 陈述辑校：《全辽文》，卷6，希麟《续一切经音义序》，北京：中华书局1982年版，第143页。

相较辽而言，金代编纂的音韵学方面的著述比较丰富，成果也更显著，并对后世音韵学的发展产生了深远影响。据统计，金代编纂的字书和韵书共计 13 部，其中汉文韵书 11 部，女真文字 2 部。① 金代音韵学得以发展的一个重要原因是科举考试时可将此类书籍带入考场作为参考，"金代韵书考试时可带入考场，因此刊刻较多"②。

皇统年间洨川荆璞编排了《五音集韵》，韩道昭认为还有不完善的地方，故于泰和八年（1208）"重编，改并五音之篇"，③ 名为《改并五音集韵》。大定二十四年（1184）后阳王公与秘详等作《篇海》。明昌七年（1196）韩孝彦改《玉篇》归于五音，撰成《五音篇》十五卷。此书于三十六字母中取字的方法为当时所新创，初行之时，产生了"惊儒动众"之影响，后孝彦之子道昭又对《五音篇》加以增补，增加字数共 12345，于泰和八年（1208）成书，名为《五音增改并类聚四声篇》④ 等。

金代韵书最有影响的是正大年间王文郁所编撰的《平水新刊礼部韵略》，该书首创 106 部的平水韵。当时金地所行礼部韵"严且简"，又久无善本，王文郁对其"精加校雠，又少添注语"编成《平水新刊礼部韵略》，做到了"既详且当"，⑤ 全书共五卷，归并原 206 部为 106 部，所并之韵，韵首一字以鱼尾隔之，收单字 9106 个。王氏此书在我国音韵学发展史上产生了重要的影响，不仅金代有大量刊本流行，到了元代仍然广泛使用，多

---

① 李西亚：《金代图书出版研究》，北京：中国社会科学出版社 2015 年版，第 64 页。

② 张秀民著，韩琦增订：《中国印刷史（插图珍藏增订版）》（上册），杭州：浙江古籍出版社 2006 年版，第 176 页。

③〔清〕张金吾：《金文最》，卷 41《改并五音集韵序》，北京：中华书局 1990 年版，第 592 页。

④〔清〕张金吾：《金文最》，卷 41《重编改并五音篇海序》，北京：中华书局 1990 年版，第 591 页。

⑤〔清〕张金吾：《金文最》，卷 41《平水新刊韵略序》，北京：中华书局 1990 年版，第 596 页。

第五章 辽金时期图书出版对北方民族文化融合的作用

次重刊,直到明清时期仍在沿用。元仁宗延祐元年(1314)阴时夫所编《韵府群玉》的分韵、韵部名称、小韵次序、单字排列,均与王书如出一辙。明代潘恩的《诗韵辑要》连反切都与王书相同。清代《佩文诗韵》的106韵实际还是金人的韵目。金元明清四朝韵目一脉相承,七八百年的诗赋用韵,无论科场内外用的都是这106韵。

参考文献

一、专著

历史著作：

〔金〕成无己：《伤寒明理论序》，见《中国医学大成 4 伤寒明理论》，上海：上海科学技术出版社 1990 年版。

〔金〕孔元措：《孔氏祖庭广记》，北京：商务印书馆 1936 年版。

〔金〕刘祁：《归潜志》，北京：中华书局 1983 年版。

〔金〕王若虚著，胡传志、李定乾校注：《〈滹南遗老集〉校注》卷 2《五经辨惑》，沈阳：辽海出版社 2006 年版。

〔金〕元好问：《中州集》，上海：华东师范大学出版社 2014 年版。

〔金〕元好问编：《中州集》，北京：中华书局 1959 年版。

〔金〕元好问著、姚奠中主编、李正民增订：《元好问全集》（增订本），山西古籍出版社 2004 年版。

〔金〕赵秉文：《闲闲老人滏水文集附补遗》，北京：中华书局 1985 年版。

〔宋〕范成大：《揽辔录》，见赵永春辑注：《奉使辽金行程录》（增订本），北京：商务印书馆 2017 年版。

〔宋〕陈襄：《神宗皇帝即位使辽语录》，见赵永春：《奉使辽金行程录》（增订本），北京：商务印书馆 2017 年版。

〔宋〕丁特起：《靖康纪闻》，北京：中华书局 1985 年版。

〔宋〕洪皓：《松漠纪闻》，见李澍田：《长白丛书》，长春：吉林文史出版社 1986 年版。

〔宋〕洪适：《盘洲文集》，见四川大学古籍所编：《宋集珍本丛刊第 45 册》，北京：线装书局 2004 年版。

〔宋〕李焘：《续资治通鉴长编》，北京：中华书局 2004 年版。

〔宋〕李心传：《建炎以来系年要录》，北京：中华书局 1985 年版。

〔宋〕陆游：《老学庵笔记》，北京：中华书局 1979 年版。

〔宋〕欧阳修：《新五代史》，北京：中华书局 1974 年版。

〔宋〕苏轼：《苏辙集》，北京：中华书局 1990 年版。

〔宋〕苏轼著，孔凡礼点校：《苏轼文集》，北京：中华书局 1986 年版。

〔宋〕苏辙、陈宏天、高秀芳点校：《栾城集》，北京：中华书局 1990 年版。

〔宋〕苏辙：《栾城三集》，商务印书馆 1936 年版。

〔宋〕王辟之：《渑水燕谈录》，北京：中华书局 1981 年版。

〔宋〕文莹撰、郑世刚、杨立扬点校：《玉壶清话》，北京：中华书局 1984 年版。

〔宋〕徐梦莘：《三朝北盟会编》，上海：上海古籍出版社 2008 年版。

〔宋〕薛居正等：《旧五代史》，北京：中华书局 1976 年版。

〔宋〕杨仲良撰：《皇宋通鉴长编纪事本末》，哈尔滨：黑龙江人民出版社 2006 年版。

〔宋〕叶隆礼：《契丹国志》，上海：上海古籍出版社 1985 年版。

〔宋〕尤袤撰：《遂初堂书目》，北京：中华书局 1985 年版。

〔宋〕宇文懋昭撰，崔文印校证：《大金国志校证》，北京：中华书局

1986年版。

〔宋〕张端义：《贵耳集》，北京：中华书局1985年版。

〔宋〕赵与时：《宾退录》，北京：中华书局1985年版。

〔宋〕志磐：《佛祖统纪校注》下册，上海：上海古籍出版社2012年版。

〔元〕郝经：《郝文忠公陵川文集》，太原：山西人民出版社、山西古籍出版社2006年版。

〔元〕苏天爵：《元文类》，影印文渊阁四库全书本，台北：商务印书馆1983年版。

〔元〕脱脱等：《金史》，北京：中华书局1975年版。

〔元〕脱脱等：《辽史》，北京：中华书局2016年版。

〔元〕脱脱等：《宋史》，北京：中华书局1977年版。

〔元〕魏初：《青涯集》，见《四库全书珍本初集·集部·别集类》，上海：商务印书馆1935年版。

〔元〕阎复：《静轩集》，北京：中华书局1999年版。

〔元〕袁桷：《清容居士集》，上海：商务印书馆1936年版。

〔明〕陶宗仪：《说郛》，上海：商务印书馆1927年版。

〔明〕王圻纂辑：《续文献通考》，北京：现代出版社1983年版。

〔清〕董诰：《全唐文》，北京：中华书局1983年版。

〔清〕顾炎武撰，黄坤校点：《天下郡国利病书》，北直隶备录下，上海：上海古籍出版社2022年版。

〔清〕李慈铭著，由云龙辑：《越缦堂读书记》，上海：上海书店出版社2000年版。

〔清〕徐松辑：《宋会要辑稿（全八册）》，北京：中华书局1957年版。

〔清〕杨士奇：《文渊阁书目》，卷18，北京：中华书局1985年版。

〔清〕叶德辉：《书林清话》，北京：中华书局1957年版。

〔清〕王先谦撰：《清东华录全编》，北京：学苑出版社2000年版。

〔清〕张金吾：《金文最》，北京：中华书局1990年版。

〔清〕赵翼：《廿二史札记》，北京：商务印书馆1958年版。

近现代著作：

国内：

《耶律羽之墓志》，见向南辑注：《辽代石刻文续编》，沈阳：辽宁人民出版社2010年版。

《中华文化通志》编委会：《中华文化通志·晋文化志》，上海：上海人民出版社2010年版。

白寿彝等主编、韩兆琦等选注：《文史英华诗卷》，长沙：湖南出版社1993年版。

白寿彝总主编、陈振主编：《中国通史》，上海：上海人民出版社2004年版。

北京大学硕士论文古文献研究所：《全宋诗》，北京：北京大学出版社1993年版。

曹之：《中国古代图书史》，武汉：武汉大学出版社2015年版。

曹之：《中国古籍编撰史》，武汉：武汉大学出版社2015年版。

陈德弟：《我国古代藏书文化与出版》，见陈德弟、范凤书主编：《藏书文化论集》，天津：天津古籍出版社2013年版。

陈述：《辽代教育史论证》，见陈述：《辽金史论集》（一），上海：上海古籍出版社1987年版。

陈述：《辽代史话》，郑州：河南人民出版社1981年版。

陈述辑校：《全辽文》，北京：中华书局1982年版。

陈先达、臧峰宇：《从历史深处走来——马克思主义哲学谈话录》，石家庄：河北人民出版社2022年版。

陈襄：《神宗皇帝即位使辽语录》，见赵永春：《奉使辽金行程录》

（增订本），北京：商务印书馆2017年版。

陈义初：《河洛文化与殷商文明》，郑州：河南人民出版社2007年版。

程千帆、徐有富：《程千帆全集·典藏编》，石家庄：河北教育出版社2000年版。

丁傅靖：《宋人轶事汇编》下，北京：中华书局2003年版。

杜刚：《文化治理现代化与文化软实力提升研究》，太原：山西经济出版社2022年版。

方铁：《方铁学术文选》，昆明：云南大学出版社2014年版。

冯家昇：《〈辽史〉源流考》，见冯家昇：《冯家昇论著辑粹》，北京：中华书局1987年版。

冯新虹：《历史教育的魅力》，西安：西安出版社2012年版。

傅海波、崔瑞德：《剑桥中国辽西夏金元史》，北京：中国社会科学出版社1998年版。

龚贤：《中国文化导论》，北京：九州出版社2018年版。

郭预衡：《中国古代文学史长编·宋辽金卷》，北京：首都师范大学出版社1993年版。

郭长海：《儒学在金源》，哈尔滨：哈尔滨工业大学出版社2013年版。

何俊哲等：《金朝史》，北京：中国社会科学出版社1992年版。

何勤华、钱泳宏等：《法律文明史》，北京：商务印书馆2019年版。

贺修铭：《文献生产的社会化及其管理》，长沙：湖南教育出版社1997年版。

黄成助：《宁晋县志》，台北：成文出版社1969年版。

黄锐：《西南边境跨界人口流动研究》，北京：中央民族大学出版社2017年版。

黄镇伟：《中国编辑出版史》，苏州：苏州大学出版社2014年版。

霍艳芳：《中国图书官修史》，武汉：武汉大学出版社2014年版。

金炳镐：《民族理论与民族政策》，北京：中央广播电视大学出版社

2012年版。

金永田：《大契丹国夫人萧氏墓志及画像石初探》，见苏赫主编：《中国北方古代文化国际学术讨论会论文集》，北京：中国文化出版社1995年版。

来新夏：《中国图书事业史》，上海：上海人民出版社2009年版。

李道中：《建设有中国特色社会主义的文化》，青岛：青岛出版社1993年版。

李东溟：《辽代北京刻书小考》，见张展：《北京文博》（第4辑），北京：北京燕山出版社1998年版。

李桂芝：《辽金简史》，福州：福建人民出版社2001年版。

李际宁：《佛教大藏经研究论稿》引《最初敕赐弘教大师雕藏经板院记》，北京：宗教文化出版社2007年版。

李瑞良：《中国古代图书流通史》，上海：上海人民出版社2000年版。

李澍田：《金史辑佚》，长春：吉林文史出版社1990年版。

李西亚：《金代图书出版研究》，北京：中国社会科学出版社2015年版。

李锡厚、白滨：《辽金西夏史》，上海：上海人民出版社2003年版。

李修生：《全元文》第六册，南京：江苏古籍出版社1998年版。

李珍：《民族史观与中国古代民族文化认同》，北京：商务印书馆2021年版。

李志凌：《汉语典籍对外传播理论探究》，北京：中央民族大学出版社2016年版。

李致忠：《古籍版本知识500问》，北京：北京图书馆出版社2001年版。

李致忠：《辽代刻书述略》，见《古籍整理与研究》编辑部：《古籍整理与研究》，第6期，北京：中华书局1991年版。

梁启超：《论中国成文法编制之沿革得失》，见梁启超：《饮冰室合集·文集之十六》，上海：中华书局 1936 年版。

林斡：《中国古代北方民族史新论》，呼和浩特：内蒙古人民出版社 2007 年版。

刘国钧：《中国书史简编》，北京：高等教育出版社 1958 年版。

刘浦江：《文化的边界——两宋与辽金之间的书禁与书籍流通》，见张希清等：《10—13 世纪中国文化的碰撞与融合》，上海：上海人民出版社 2006 年版。

刘夕佳：《试论宋辽文化融合中的出版物作用》，见中国编辑学会秘书处：《我所向往的编辑——第三届"未来编辑杯"获奖文集》，北京：中国经济出版社 2003 年版。

罗树宝：《中国古代印刷史》，北京：印刷工业出版社 1993 年版。

罗仲辉：《印刷史话》，北京：中国大百科全书出版社 2003 年版。

马冀、杨笑寒：《昭君文化研究》，呼和浩特：内蒙古人民出版社 2004 年版。

马曼丽等：《中国西北跨国民族文化变异研究》，北京：民族出版社 2009 年版。

毛春翔：《古书版本常谈》，北京：中华书局 1962 年版。

孟广耀：《儒家文化——辽皇朝之魂》，哈尔滨：哈尔滨出版社 1994 年版。

宁骚：《民族与国家》，北京：北京大学出版社 1995 年版。

牛贵琥、张建伟：《女真政权下的文学研究》，太原：三晋出版社 2011 年版。

潘景郑：《著砚楼书跋》，上海：古典文学出版社 1957 年版。

潘志清：《西南少数民族心理特征嬗变研究》，南宁：广西人民出版社 2006 年版。

齐木德道尔吉：《辽夏金元史征》，呼和浩特：内蒙古大学出版社 2007 年版。

钱穆：《国史大纲》，北京：商务印书馆1996年版。

钱穆：《民族与文化》，北京：九州出版社2011年版。

瞿林东主编、向燕南等著：《历史文化认同与中国统一多民族国家》（第三卷），石家庄：河北人民出版社2013年版。

任继愈：《中国藏书楼》，沈阳：辽宁人民出版社2001年版。

任继愈：《中华传世文选·金文雅》，长春：吉林人民出版社1998年版。

任净、庞媛：《跨文化教育和跨文化交际教育研究》，北京：对外经济贸易大学出版社2021年版。

施咏：《中国传统乐论》，南京：东南大学出版社2018年版。

石兴邦：《长安学丛书·石兴邦卷》，西安：三秦出版社2011年版。

宋德金：《金代女真的汉化、封建化与汉族士人的历史作用》，见中国社会科学院历史研究所宋辽金元史研究室编：《宋辽金史论丛》。

宋德金：《金史》，北京：人民出版社2004年版。

宋德金：《契丹汉化礼俗述略》，见中国社会科学院历史研究所宋辽金元史研究室编：《辽金史论集》（第1辑），上海：上海古籍出版社1987年版。

陶晋生：《女真史论》，台北：食货出版社1981年版。

陶秋英编选：《宋金元文论选》，北京：人民文学出版社1984年版。

汪民安：《文化研究关键词》，南京：江苏人民出版社2019年版。

王军等：《教育民族学》，北京：中央民族大学出版社2007年版。

王龙：《中国阅读通史·辽西夏金元卷》，合肥：安徽教育出版社2017年版。

王欣夫：《文献学讲义》，上海：上海古籍出版社2005年版。

王永：《唐宋古文纵论》，北京：中国传媒大学出版社2020年版。

王云五等：《靖康要录》，上海：商务印书馆1939年版。

王云五主编，王若虚著：《滹南遗老集附续诗集3》，丛书集成初编

2051，北京：商务印书馆1935年版。

王云五主编，叶隆礼撰：《丛书集成初编·辽志》，厉鹗《辽史拾遗》，北京：商务印书馆1936年版。

王志国、李会林、车锦华：《中国书史（古代）》，呼和浩特：内蒙古人民出版社2008年版。

魏国忠主编：《肃慎——女真族系研究》，哈尔滨：黑龙江人民出版社2013年版。

魏隐儒：《古籍版本鉴定丛谈》，北京：印刷工业出版社1984年版。

文师华：《金元诗学理论研究》，北京：商务印书馆2018年版。

吴凤霞：《辽金元史学研究》，北京：中国社会科学出版社2009年版。

吴永贵主编：《中国出版史》，长沙：湖南大学出版社2008年版。

武斌：《中华文明养成记》，广州：广东人民出版社2022年版。

向南：《辽代石刻文编·秦晋国妃墓志》，石家庄：河北教育出版社1995年版。

肖东发：《中国编辑出版史》，沈阳：辽宁教育出版社1996年版。

徐永明、杨光辉整理：《陶宗仪集》，杭州：浙江人民出版社2005年版。

许宏：《中国高等教育理论研究中的科学意识探析》，武汉：华中科技大学出版社2014年版。

许力以：《许力以出版文集》，北京：中国书籍出版社1993年版。

许倬云：《说中国：一个不断变化的复杂共同体》，桂林：广西师范大学出版社2015年版。

薛瑞兆：《金代艺文叙录》，北京：中华书局2014年版。

薛瑞兆：《新编全金诗》，北京：中华书局2021年版。

阎凤梧：《全辽金文》，太原：山西古籍出版社2002年版。

杨昌儒：《民族理论论纲》，贵阳：贵州人民出版社2006年版。

杨珩：《女真统治下的儒学传承——金代儒学及儒学文献研究》，成都：四川大学出版社 2014 年版。

杨军：《女真语、汉语与女真文化》，见韩世明：《辽金史论集（第 10 辑）》，北京：中国社会科学出版社 2007 年版。

杨向奎：《大一统与儒家思想》，北京：北京出版社 2016 年版。

杨义：《中国古典文学图志》，北京：生活·读书·新知三联书店 2006 年版。

姚奠中主编，李正民增订：《元好问全集》（增订本），太原：山西古籍出版社 2004 年版。

叶桂桐、叶茜：《论草原文化》，郑州：河南文艺出版社 2021 年版。

叶金宝：《儒家和谐思想的当代价值》，广州：广东人民出版社 2006 年版。

佚名：《大金吊伐录》，北京：中华书局 1985 年版。

于敏中编纂：《日下旧闻考》，北京：北京古籍出版社 1981 年版。

余英时：《士与中国文化》，上海：上海人民出版社 2003 年第 1 版。

岳珂：《桯史》，北京：中华书局 1981 年版。

岳珂撰，吴企明点校：《桯史》，北京：中华书局 1981 年版。

岳山岳：《"六书"与中国传统文化》，上海：上海三联书店 2008 年版。

张博泉：《金史简编》，沈阳：辽宁人民出版社 1984 年版。

张博泉：《中华一体的历史轨迹》，沈阳：辽宁人民出版社 1995 年版。

张岱年、方克立：《中国文化概论》，北京：北京师范大学出版社 1994 年版。

张岱年：《中国人的人文精神》，哈尔滨：哈尔滨出版社 2021 年版。

张会龙、夏斌斌：《中华民族共同体研究：学科视角、主要议题与未来瞻望》，见张会龙、廖惟春、周兴妍：《创新基层治理的兰坪实践：理论探索与经验总结》，昆明：云南大学出版社 2022 年版。

张晶：《辽金诗史》，沈阳：东北师范大学出版社 1994 年版。

张晶：《辽金元文学论稿》，北京：北京广播学院出版社 2004 年版。

张力均：《清代八旗蒙古汉文著作家政治思想研究》，沈阳：辽宁民族出版社 2007 年版。

张树栋、庞多益、郑如斯等：《中华印刷通史》，北京：印刷工业出版社 1999 年版。

张秀民：《中国印刷史》，上海：上海人民出版社 1989 年版。

张秀民著，韩琦增订：《中国印刷史（插图珍藏增订版）》，上册，杭州：浙江古籍出版社 2006 年版。

张正明：《契丹史略》，北京：中华书局 1979 年版。

赵翼著，霍松林、胡主佑校点：《瓯北诗话》，北京：人民文学出版社 1963 年版。

赵永春：《奉使辽金行程录》（增订本），北京：商务印书馆 2017 年版。

赵永春：《金宋关系史》，北京：人民出版社 2005 年版。

赵永春等：《中国古代东北民族的"中国"认同》，哈尔滨：黑龙江人民出版社 2015 年版。

赵永春主编：《中国东北民族关系史》，《前言》，北京：中央广播电视出版社 2008 年版。

褚孝泉：《世界强势语言的产生》，上海：复旦大学出版社 2016 年版。

郑如斯、肖东发：《中国书史》，北京：书目文献出版社 1987 年版。

郑士德：《中国图书发行史》，北京：高等教育出版社 2000 年版。

郑晓云：《文化认同论》，北京：中国社会科学出版社 2008 年版。

中共中央马克思恩格斯列宁斯大林著作编译局编：《马克思恩格斯选集》，北京：人民出版社 1972 年版。

钟屏兰：《元好问评传》，台北：文津出版社 1999 年版。

周惠泉：《金代文学研究》，台北：文津出版社 2000 年版。

周少川：《册府文津》，郑州：河南人民出版社 2019 年版。

国外：

〔法〕汪德迈：《新汉文化圈》，陈彦译，南昌：江西人民出版社 2001 年版。

〔加〕查尔斯·泰勒：《承认的政治》，董之林、陈燕谷译，见汪晖主编：《文化与公共性》，北京：生活·读书·新知三联书店 1998 年版。

〔美〕乔纳森·弗里德曼：《文化认同与全球性过程》，郭建如译，北京：商务印书馆 2004 年版。

〔苏〕斯大林：《斯大林文选》（下），北京：人民出版社 1962 年版。

二、期刊类

曹显征：《辽代的书禁政策》，载《昭乌达蒙族师专学报（北方民族文化）》，1998 年第 4 期。

曹之：《辽金元图书编撰考略》，载《图书馆工作与研究》，2000 年第 1 期。

陈刚：《全球化与文化认同》，载《江海学刊》，2002 年第 5 期。

陈世联：《文化认同、文化和谐与社会和谐》，载《西南民族大学学报（人文社科版）》，2006 年第 3 期。

陈玉屏：《秦汉以来中国南、北方民族融合进程的特点》，载《西南民族学院学报（哲学社会科学版）》，1998 年第 6 期。

陈玉屏：《魏晋南北朝北方民族融合中的几个理论问题》，载《西南民族学院学报（哲学社会科学版）》，1993 年第 1 期。

程妮娜：《辽金时期渤海族习俗研究》，载《学习与探索》，2001 年第 2 期。

崔榕、赵智娜：《文化认同与中华民族共同体建设》，载《民族学刊》，2021 年第 8 期。

崔文印：《金代在史学上的成就》，载《史学史研究》，1983 年第

3 期。

丁琴海：《论全球化时代的文化认同》，载《国际关系学院学报》，2009 年第 2 期。

都永浩、左岫仙：《国内外文化认同研究综述及分析》，载《黑龙江民族丛刊》，2020 年第 5 期。

冯方：《辽金刻书业的发达及其原因》，载《古籍整理研究学刊》，1994 年第 2 期。

高福顺：《辽朝文教政策之影响》，载《史学月刊》，2007 年第 11 期。

高福顺：《辽宋夏金时期内聚性不断增强》，载《历史评论》，2021 年第 3 期。

高福顺：《内聚性：辽宋夏金时期中国历史演进的核心动力源泉》，载《社会科学文摘》，2021 年第 10 期。

高福顺：《契丹皇族儒家经史教育考论》，载《中国边疆史地研究》，2013 年第 3 期。

高福顺：《尊孔崇儒　华夷同风——辽朝文教政策的确立及其特点》，载《学习与探索》，2008 年第 5 期。

高璐夷、储常胜：《文化认同与典籍翻译》，载《安徽工业大学学报（社会科学版）》，2014 年第 3 期。

高永久、陈纪：《论中华民族共有精神家园的内涵与价值核心》，载《科学社会主义》，2008 年第 2 期。

郭康松：《辽朝夷夏观的演变》，载《中国史研究》，2001 年第 2 期。

郭阳、万高丽：《论宋、辽、夏、金、元时期的历史编辑》，载《河南社会科学》，1997 年第 4 期。

韩雨默、孙国军：《宋辽金元：通用语言文字推广及多元一体格局研究》，载《辽宁师范大学学报（社会科学版）》，2023 年第 3 期。

韩震：《论国家认同、民族认同及文化认同——一种基于历史哲学的分析与思考》，载《北京师范大学学报（社会科学版）》，2010 年第 1 期。

郝时远：《文化自信、文化认同与铸牢中华民族共同体意识》，载《中南民族大学学报（人文社会科学版）》，2020年第6期。

郝亚明、赵俊琪：《"中华民族共同体"：话语转变视角下的理论价值与内涵探析》，载《北方民族大学学报（哲学社会科学版）》，2018年第3期。

何梅：《〈赵城金藏〉的几个问题》，载《中国典籍与文化》，2008年第3期。

何宛英：《金代史学与金代政治》，载《北京师范大学学报（社会科学版）》，1998年第3期。

和少英、和光翰：《文化认同与文化挪借》，载《云南社会科学》，2018年第6期。

黄飞：《谈金女真与汉民族的融合》，载《兰台世界》，2015年第15期。

霍艳芳：《略论金代官方史书的编撰》，载《史学史研究》，2010年第2期。

霍艳芳：《略论辽代官方史书的编撰》，载《图书情报工作》，2009年第19期。

暨爱民：《以文化认同铸牢中华民族共同体意识：逻辑机理与实践展开》，载《南京社会科学》，2023年第2期。

蒋金玲：《辽代汉族士人的社会交往》，载《黑龙江社会科学》，2017年第4期。

焦润明：《略论东北亚的跨文化认同及其意义》，载《东北亚论坛》，2005年第2期。

金启孮：《女真的文字和语言——对祖国文化融合发展的贡献》，载《社会科学战线》，1986年第1期。

雷家宏：《辽太祖耶律阿保机对民族融合的贡献》，载《华中师范大学学报（哲学社会科学版）》，1989年第5期。

雷勇：《论跨界民族的文化认同及其现代建构》，载《世界民族》，2011年第2期。

李凤嫦、罗运胜：《辽朝萧太后与北方民族融合关系探讨》，载《今古文创》，2022年第4期。

李富华：《〈赵城金藏〉研究》，载《世界宗教研究》，1991年第4期。

李晋林：《金元时期平水刻板印刷考述（上）》，载《文献》，2001年第2期。

李蕊怡：《辽代"契汉一家"探微》，载《德州学院学报》，2021年第1期。

李文泽：《辽宋文化交流与契丹文明的发展》，见《宋代文化研究》（第七辑），成都：巴蜀书社1998年版。

李西亚、杨卫东：《金代经史书籍的出版与民族文化认同》，载《北方文物》，2017年第4期。

李西亚：《金朝图书流通与东北儒学传播》，载《齐鲁学刊》，2014年第3期。

李西亚：《金代的图书编纂及其作用》，载《史学集刊》，2014年第3期。

李西亚：《金代刻书地点考》，载《北方文物》，2010年第2期。

李秀华：《语言·文化·民族：民族语言认同与民族共同体的建构》，载《西北民族大学学报（哲学社会科学版）》，2018年第2期。

李玉君、何博：《从金朝法制伦理化构建看儒家文化的向心力》，载《江汉论坛》，2016年第3期。

李玉君、何博：《从金朝杖刑看女真族对中原文化的认同》，载《北方文物》，2013年第3期。

李月新：《礼治秩序下的辽代社会风尚变迁》，载《赤峰学院学报（汉文哲学社会科学版）》，2022年第8期。

李致忠：《辽代刻书述略》，见《古籍整理与研究》编辑部：《古籍整理与研究》，第 6 期，北京：中华书局 1991 年版。

栗志刚：《民族认同的精神文化内涵》，载《世界民族》，2010 年第 2 期。

林伟健：《国家凝聚力：从文化认同到政治认同》，载《广东省社会主义学院学报》，2009 年第 3 期。

刘锋焘：《从守节彷徨走向消释超脱——论蔡松年文化人格的转变》，载《兰州大学学报》，2000 年第 1 期。

刘焕明、刘坤：《文化认同是铸牢中华民族共同体意识的根脉》，载《黑龙江民族丛刊》，2022 年第 3 期。

刘社欣、王仕民：《文化认同视域下的国家认同》，载《学术研究》，2015 年第 2 期。

刘时觉：《金代医籍年表》，载《中医药学报》，2004 年第 6 期。

刘纬毅：《山西古代刻书考略》，载《山西大学学报（哲学社会科学版）》，1979 年第 2 期。

麻铃：《金朝"夷可变华"及"华夷同风"的治边思想》，载《社会科学战线》，2008 年第 11 期。

马瑞江：《文化交融、变迁与多民族国家一体化的历史进程——辽宋夏金元时期士人人格与心态的变迁及历史作用》，载《宁夏社会科学》，1997 年第 1 期。

毛汉：《书金史文艺传"收图籍""得宋士"事》，载《学风》，1935 年第 8 期。

乔幼梅：《论女真统治者民族政策的演变》，载《文史哲》，2008 年第 2 期。

冉守祖：《略论辽朝"因俗而治"的民族政策》，载《史学月刊》，1993 年第 1 期。

任崇岳：《论辽代契丹族对汉族文化的吸收和继承》，载《中州学刊》，1983 年第 3 期。

任崇岳：《宋代中原文化与契丹、女真文化的交流与融合》，见《民族史研究》（第三辑），北京：民族出版社 2002 年版。

莎日娜：《辽金元时期儒家经典图书的编译及出版》，载《内蒙古大学学报（哲学社会科学版）》，1997 年第 1 期。

史金波：《汉族和少数民族文字书籍印刷出版之互动》，载《文献》，2006 年第 1 期。

宋德金：《辽朝正统观念的形成与发展》，载《传统文化与现代化》，1996 年第 1 期。

宋德金：《正统观与金代文化》，载《历史研究》，1990 年第 1 期。

孙宏哲：《民族融合视域下金代皇族涉佛文学创作》，载《黑龙江民族丛刊》，2018 年第 1 期。

王成国：《略论辽朝统治下的汉人》，载《社会科学辑刊》，1997 年第 5 期。

王德厚：《金世宗与女真人的"汉化"》，载《黑龙江民族丛刊》，1991 年第 4 期。

王德朋：《辽代汉族士人心态探析》，载《史学集刊》，2003 年第 2 期。

王惠德：《试探辽代史学的发展及其特色》，载《内蒙古社会科学（汉文版）》，2008 年第 2 期。

王鉴、万明钢：《多元文化与民族认同》，载《广西民族研究》，2004 年第 2 期。

王龙：《辽代藏书概述》，载《科技情报开发与经济》，2014 年第 19 期。

王文光、马宜果：《共同体与中华民族共同体研究述论》，载《思想战线》，2023 年第 3 期。

王文光、马宜果：《铸牢中华民族共同体意识研究的几个基本问题——以历史维度为中心》，载《云南大学学报（社会科学版）》，2023 年第 3 期。

王文光、江也川：《辽夏金的中华文化认同与中华民族共同体建设》，载《烟台大学学报（哲学社会科学版）》，2020年第4期。

王霞：《民族地区中华文化认同与边疆文化安全》，载《黑龙江民族丛刊》，2012年第5期。

韦兵：《竞争与认同：从历日颁赐、历法之争看宋与周边民族政权的关系》，载《民族研究》，2008年第5期。

魏淑霞：《辽、西夏、金民族政权的汉化探讨》，载《西夏研究》，2015年第4期。

翁独健：《民族关系史研究中的几个问题》，载《中央民族学院学报》，1981年第4期。

吴凤霞：《辽、金、元的经史翻译与历史认同思想》，载《河北学刊》，2007年第6期。

吴凤霞：《女真贵族的史学自觉与金代实录的编纂》，载《史学集刊》，2008年第2期。

武玉环：《论契丹民族华夷同风的社会观》，载《史学集刊》，1998年第1期。

邢媛：《论文化认同的三种主要形式》，载《科学技术哲学研究》，2017年第4期。

徐则平：《试论民族文化认同的"软实力"价值》，载《思想战线》，2008年第3期。

薛瑞兆：《论金国与南宋之间的艺文交流》，载《民族文学研究》，2007年第1期。

邢媛：《论文化认同的三种主要形式》，载《科学技术哲学研究》，2017年第4期。

阎嘉：《文学研究中的文化身份与文化认同问题》，载《江西社会科学》，2006年第9期。

杨黛：《辽代刑法与〈唐律〉比较研究》，载《杭州大学学报（哲学社会科学版）》，1998 年第 2 期。

杨卫东、李西亚：《辽朝与金朝图书出版发展的比较研究》，载《北方文物》，2019 年第 2 期。

杨卫东：《〈金代图书出版研究〉评介》，载《长春师范大学学报》，2016 年第 5 期。

姚远：《近四十年来国内辽金民族融合问题研究综述》，见《辽金历史与考古》（第十二辑），北京：科学出版社 2021 年版。

于静宇、高颖、赵丹丹：《碰撞、交流、融合——论战争媒介与辽金宋的文学交流》，载《内蒙古社会科学（汉文版）》，2006 年第 1 期。

于霞裳：《金元时期平水印刷业初探》，载《山西师范学院学报》1958 年第 2 期。

袁琮蕊、于涌泉：《论辽宋时期中华民族共同体的建构》，载《西北民族大学学报（哲学社会科学版）》，2021 年第 6 期。

袁海波、李宇峰：《辽代汉文〈永清公主墓志〉考释》，载《中国历史文物》，2004 年第 5 期。

詹小美、王仕民：《文化认同视域下的政治认同》，载《中国社会科学》，2013 年第 9 期。

张承宗：《金代刻书中心平水考辨》，载《苏州大学学报》，1982 年第 2 期。

张德光：《关于赵城〈金藏〉研考中几个问题的商榷》，载《文物世界》，2006 年第 1 期。

张国庆：《论辽兴宗吸收汉文化之得失》，载《社会科学辑刊》，1988 年第 6 期。

张劲松：《评完颜亮的汉化改革》，载《内蒙古民族师院学报（哲学社会科学汉文版）》，1996 年第 4 期。

张军：《文化认同视角下南宋与金外交避讳问题考论》，载《贵州民族研究》，2015 年第 6 期。

张明华：《战争、战俘、文化碰撞——金国宫廷生活方式及宫廷礼仪汉化趋势研究》，载《河南大学学报（社会科学版）》，2008年第4期。

张小军：《中华民族共同体的文化认同》，载《原生态民族文化学刊》，2022年第1期。

张秀民：《金源监本考》，载《图书季刊》，1935年第1期。

张秀民：《辽、金、西夏刻书简史》，载《文物》，1959年第3期。

张志勇：《辽金时期民族文化的认同与发展》，载《辽宁工程技术大学学报（社会科学版）》，2010年第3期。

赵永春：《关于北方民族史研究的几个问题》，载《黑龙江民族丛刊》，2003年第3期。

赵永春：《关于中国古代华夷关系演变规律的理性思考——华夷关系的历史定位、演变轨迹与文化选择》，载《学习与探索》，2012年第1期。

赵永春：《金人自称"正统"的理论诉求及其影响》，载《学习与探索》，2014年第1期。

甄士龙：《薛史的亡佚与金朝的禁书》，载《书品》，2005年第1期。

郑炜、崔明德：《辽金时期民族关系思想的发展与中华民族多元一体格局的形成》，载《中南民族大学学报（人文社会科学版）》，2010年第4期。

郑雪、王磊：《中国留学生的文化认同、社会取向与主观幸福感》，载《心理发展与教育》，2005年第1期。

周春健：《〈孟子〉在辽金时期的传播与影响》，载《中国哲学史》，2013年第1期。

周国琴：《关注他民族需求——辽代"因俗而治"民族政策成功的真相》，载《贵州民族研究》，2015年第8期。

周惠泉、孙黎、周晖：《辽金元文学：民族融合的结晶》，载《社会科学辑刊》，2000年第2期。

周惠泉：《金代文学与女真族文学历史发展新探》，载《江苏大学学报

（社会科学版）》，2008年第2期。

周路星：《文化、群体与认同：辽朝"汉契一体"观念的构建》，载《阴山学刊》，2019年第1期。

周绍良：《房山石经与〈契丹藏〉》，载《法音》，1981年第3期。

朱尉、周文豪：《中华民族共同体意识的内涵阐释与理论拓展》，载《中南民族大学学报（人文社会科学版）》，2021年第3期。

祖岳：《浅析金代的民族政策与民族融合》，载《黑龙江史志》，2018年第5期。

佐斌、温芳芳：《当代中国人的文化认同》，载《中国科学院院刊》，2017年第2期。

三、学位论文类

韩辉：《藏族大学生文化认同结构及自我价值感的关系研究》，西北师范大学硕士论文，2002年。

蒋金玲：《辽代汉族士人研究》，吉林大学博士论文，2010年。

李秋香：《文化认同与文化控制：秦汉民间信仰研究》，河南大学博士论文，2010年。

马晓光：《金初汉族士人研究》，辽宁大学硕士论文，2012年。

孙青：《金代河北的字书、韵书编纂研究》，河北大学硕士论文，2013年。

田富：《辽朝刑法制度研究》，吉林大学硕士论文，2021年。

田建平：《宋代书籍出版史研究》，河北大学博士论文，2012年。

王晓军：《文化认同视角下中国文化较实力建设研究》，河北师范大学博士论文，2020年。

王宇佳：《宋辽交聘制度下"汉契一体"形成过程研究》，西南民族大学硕士论文，2022年。

徐洁：《金代祭礼研究》，吉林大学博士论文，2012年。

闫兴潘：《金代翰林学士院制度研究》，武汉大学博士论文，2014年。

杨棋麟：《辽夏金尊孔活动研究》，宁夏大学硕士论文，2022年。

姚雯雯：《金朝进士群体研究》，吉林大学博士论文，2020年。

殷实：《文化认同与归国文化冲击——基于社会认知理论的研究》，华东师范大学硕士论文，2008年。

贠晓娜：《辽金元唐诗文献学研究》，河南大学硕士论文，2015年。

张全峰：《唯物史观视域中的文化认同研究》，中共中央党校博士论文，2018年。

张云鹏：《文化权：自我认同与他者认同的向度》，吉林大学博士论文，2005年。

钟星星：《现代文化认同问题研究》，中共中央党校博士论文，2014年。